Elke Grasshof

MODERNE PRINZEN
FAHREN TRAKTOR

*Amüsanter Ratgeber (nicht nur)
für heiratswillige Landwirte*

INHALT

4

Der große Moment:
So meistern Sie das erste Treffen

Nicht nachlassen:
Halten Sie Ihre Traumfrau fest

So kann es nicht klappen

Lernen Sie von erfolgreichen Prinzen

Wenn alles passt

Zur Erinnerung

Liebe Prinz,

*wenn Sie immer noch allein sind, hat das
vielleicht damit zu tun, dass Sie die Suche
aufgegeben haben und sich gehen lassen. Wer
nur noch demotiviert in Gummistiefeln über
den Hof schlurft, ist kein Mann, dem eine
attraktive, junge Frau gern folgen möchte.*

*Sie gehören möglicherweise zu den zehn
Prozent der Landwirte, die sich zu früh mit
dem Schicksal des Alleinseins abgefunden
haben unter dem Motto: Mich will eben
keine. Das ist natürlich Unsinn!*

*Ziehen Sie Ihre Gummistiefel aus.
Schärfen Sie Ihren Degen.
Krempeln Sie Ihr Leben um.
Tun Sie etwas für Ihr persönliches Glück.
Lesen Sie zuerst einmal dieses Buch!*

Elke Franky

Prinzen wohnten immer schon auf dem Lande

Landwirte haben das, was viele Städterinnen bei Städtern oft vergeblich suchen. Traditionen, Werte, Sicherheiten, das Nest für die Nachkommenschaft. Im Zuge einer sich wandelnden Gesellschaft bekommen gerade diese Attribute für manche Frau einen neuen Stellenwert.

Ich betreibe seit vielen Jahren eine Agentur für Landwirte und bei meiner Arbeit habe ich festgestellt, dass die jetzigen 30- bis 50-jährigen Frauen, die naturverbunden und pragmatisch sind und verantwortungsvoll tradierte Werte leben wollen, gerade in den modernen Landwirten wundervolle Partner für sich und ihre gemeinsamen Kinder finden können.

Der Landwirt ist in der Regel nicht von Arbeitslosigkeit betroffen. Lebt familienorientiert. Ist tüchtig und bodenständig.

Ganz anders oft die Städter.

Aus jahrelanger praktischer Arbeit – auch mit allein stehenden Städtern – kann ich sagen, dass es viele Stadtneurotiker gibt. Die, die einsam mit hochgeschlagenem Mantelkragen ruhelos durch regennasse Straßen wandern. Die, die in gläsernen Coffeeshops mit verlorenen Blicken aus den Fenstern starren. Beruflich und familiär entwurzelt sind in einer zunehmend virtuellen Welt. Die moderne

Wissenschaft (z.B. der Zukunftsforscher Matthias Horx) nennt die ganz Entwurzelten „Spinsters" (alte Jungfern). Neurotische Kuriositäten dieser Art lernen wir im Kapitel „So kann es nicht klappen" kennen. Aber es gibt Gott sei Dank auch noch die Prinzen.

Die Prinzen wohnten im Mittelalter schon auf dem Land. Und sind dort heute noch zu finden. Sie bauen Häuser, renovieren Mühlen, hacken Holz für den Kamin im Winter. Bestellen ihre Felder, versorgen ihr Vieh. Sie lesen den Frauen, die sie lieben, die Wünsche von den Augen ab und sorgen dafür, dass dicke Hunde Bewegung bekommen und nicht auf ihrer Schlafcouch liegen. Dass Hauskatzen draußen ihre Mäuse fangen.

Ich vertrete die These, dass viele Frauen in der Spaßgesellschaft unserer modernen Städte mit ihren Kindern die Leidtragenden einer nicht genügend familienorientierten Politik und der steigenden Rate an Arbeitslosigkeit sind. Dass sie in dem modernen System des familiären Nicht-mehr-zuständig-Seins lässig dem Staat zugeschoben werden in oftmals nur auf sexuelle Gemeinsamkeit reduzierten Beziehungen.

Nester und sozialen Halt könnten die Frauen dagegen bei den tatkräftigen, sozial und familiär denkenden Männern auf dem Land finden. Der Landwirt hat immer seine Familie versorgt und wird es nach meinen Erkenntnissen vorerst weiter tun. Er gehört zu den Dickbrettbohrern, die diesen rasanten, brutalen, ethischen und sozialen Wandel in den Städten Gott sei Dank vorerst noch nicht mitmachen.

Und gerade die Innovation der Werte in der urbanen Welt gibt demzufolge dem Landwirt die Möglichkeit der Partnersuche in der Stadt. Frauen, die mit der Werteinnovation nicht einverstanden sind, kennen zu lernen und auf dem Lande glücklich zu machen.

Wo sind nun die Wege zueinander?

Wo sind die Brücken?

Was müssen Mann und Frau auf dem Lande leisten?

Was müssen sie dem jeweilig anderen bieten, um zueinander finden zu können?

An welcher Stelle sollten alte Vorurteile abgebaut werden?

Wo sollte innovatives Denken eingefordert werden?

Dieses Buch möchte Ihnen themenbezogene Anregungen und Hilfestellung geben. Zeigt mögliche Ursachen des Alleinseins auch anhand von Fallbeispielen aus der Agenturarbeit auf.

Aus Diskretionsgründen sind sie eine erfundene Wahrheit aus Stadt und Land.

SIE BEREITEN SICH AUF DIE SUCHE VOR

Träumen Sie sich Ihre Partnerin herbei

Man nennt das „self-fulfilling prophecy". Eine sich selbst erfüllende Prophezeiung. Gemeint ist, dass das, was wir für die Zukunft vorhersagen und wünschen, mit großer Wahrscheinlichkeit eintritt, weil wir fest daran glauben und zielgerecht handeln, damit es geschieht. Der Glaube versetzt Berge.
Viele Menschen haben großen Erfolg damit, sich die Zukunft in der Vergangenheit vorzustellen. Dies hört

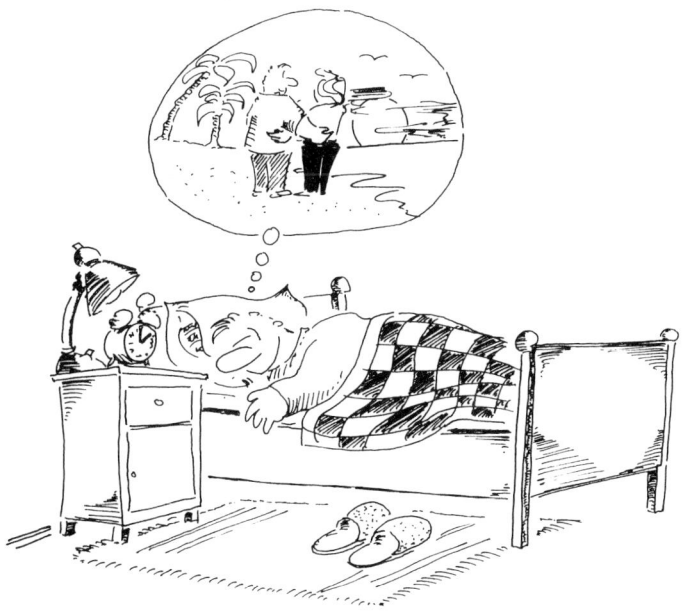

sich schwieriger an, als es ist. Gerade morgens nach dem Aufwachen und abends vor dem Einschlafen sollten Sie in Gedanken neben Ihrer Frau, die es kosmisch gesehen schon lange für Sie gibt, liegen.

Konzentrieren Sie sich zunächst bei geschlossenen Augen auf Ihren Atem.

Atmen Sie in die rechte Körperhälfte. In die linke Körperhälfte. In den Kopf.

Lenken Sie Ihren Atem. Entspannen Sie sich.

Schon bald spüren Sie Ihren Körper nicht mehr.

Sie fühlen sich geistig frei.

Dies ist die Zeit, Ihre Imaginationskräfte für sich arbeiten zu lassen.

Erschaffen Sie an dieser Stelle Ihre Zukunft.

Stellen Sie sich die Zukunft in der Vergangenheit vor.

Wie sieht die Frau Ihres Lebens aus?

Wie duftet ihr Haar?

Wie schmeckt ihr Kaffee?

Hilft Sie Ihnen gern mit?

Liebt sie das Landleben wie Sie?

Spielt sie mit Ihnen Tennis, Schach?

Kommt sie gut mit Ihren Eltern aus?

Liebt sie Ihre Tiere wie Sie?

Sehen, schmecken, fühlen Sie alle Kleinigkeiten dieser Frau, die es für Sie gibt. Stellen Sie sich vor, dass die Frau Ihrer Träume schon bei Ihnen ist. Dass sie Sie morgens weckt. Teilen Sie in Gedanken das Frühstück mit ihr. Ihre Gedanken.

Diese imaginäre Vorwegnahme des erfüllten Partnerwunsches hat schon vielen Menschen den Traumpartner gebracht. Sie an Orte geführt, wo sie sie kennen lernen konnten. Lassen Sie sich von Ihrem Unterbewusstsein dorthin führen, wo Ihre Partnerin schon ist. Und glauben Sie daran, dass Sie über Ihr positives Denken alles mitbestimmen, was in Ihrem Leben geschieht. Sie sind der Regisseur Ihres persönlichen Glücks.

Trainieren Sie. Jeden Morgen. Sie haben nichts zu verlieren. Aber viel zu gewinnen. Diese Geschichte funktioniert nur, wenn Sie fest daran glauben. Also tun Sie es. Fangen Sie heute damit an. Glauben Sie an Ihre glückliche Zukunft und Zweisamkeit. Gestalten Sie sie mit Ihrem erweiterten Bewusstsein.

WECKEN SIE DEN TIGER IN SICH.

ERWEITERN SIE IHR TERRAIN.

Die Mehrzahl der Frauen sucht kluge, starke Männer, die sich im Leben durchsetzen. Der Landwirt setzt sich in der Regel auf seinem eigenen Land und Hof jeden Tag für seine persönlichen Ziele ein.

Kämpfen Sie und setzen Sie sich auch im Außenbereich durch.

Suchen Sie neue Herausforderungen.

Warum verbringen Sie Ihre Lehrjahre nicht auf einem anderen Hof?

Warum hängen Sie nicht ein paar Jahre des Lernens dran?

Nutzen Sie jede Gelegenheit, sich an anderem Orte zusätzlich weiterzubilden. Kursangebote gibt es genug. Durchbrechen Sie das vom Elternhaus vorgegebene, manchmal zu enge Umfeld.

Arbeiten Sie an Ihrem Selbstbewusstsein. Befreien Sie sich von Ängsten.

Sehen Sie deutlich, was Sie im Leben schon erreicht haben. Listen Sie es schriftlich auf. Seien Sie mit sich zufrieden und stecken Sie neue Ziele ab.

Legen Sie Termine fest, wann Sie sie erreicht haben wollen. Auch im partnerschaftlichen Bereich kann man sich Termine setzen. Sie können sich im Frühjahr vornehmen, im Herbst und Winter durch gezielte Arbeit an sich auch mit Hilfe dieses Buches Ihr Partnerproblem offensiv anzugehen und bewältigt zu haben. Auch im beruflichen Bereich gezielt Expansionen anzustreben.

Sie sollen in der Zukunft mit Ihrem Hof bestehen können. Finden Sie die Zukunft dort, wo sie heute geschaffen wird. Zum Beispiel in der Wissenschaft, den Schulen, der Forschung, den landwirtschaftlichen Verbänden, in der Politik. Die Zeitungen und andere moderne Medien informieren über aktuelle Entwicklungen. Auch wenn nicht alles sofort klappt, wie Sie sich das denken, vergessen Sie nie den alten Spruch. Wo gehobelt wird, fallen Späne. Und gut Ding braucht Weil. Legen Sie los.

Bilden Sie sich

Natürlich wissen Sie viel über Dinge, die dem Städter zunehmend fremd sind. Wo der Städter Analphabet ist. Zum Beispiel, dass Kühe erst nach dem Kalben Milch geben. Oder ein Hahn durchaus hunderte von Hühnern begattet, was jedoch nicht nötig ist, damit ein Huhn Eier legen kann.

Und dass es eine Vielzahl Machotypen wie Gustl im Hühnerstall gibt, ein italienischer Hahn, der überlegen scheinenden Hühnern auf dem Biohof in Süddeutschland reihenweise die Flügel brach. Gustl wurde ertappt und lebt nicht mehr. Die Hühner –

des Fliegens unfähig – auch nicht mehr. Und das lässt die Käfighaltung in neuem Licht erscheinen.

Was wissen wir Städter denn wirklich vom Landleben? Kinder aus der Stadt glauben zum Beispiel, dass Kühe wie die Kühe in der Schokoladenwerbung lila sind und dass Hasen goldpapierverpackt im Internet wohnen.

Der Zugang zum natürlichen Leben und Überleben fehlt dem Städter zunehmend. Und das führt dazu, dass wir die Probleme der Landwirte missachten. Vergessen, unsere eigene Landwirtschaft zu stärken, statt sie täglich aufs Schafott zu führen. Das kann in den nächsten Jahrzehnten zu fatalen gesellschaftlichen Folgen führen.

Aber jeder kann an sich arbeiten. Daran, sein Bewusstsein zu erweitern. Auch wenn wir kein Gymnasium besucht haben, heißt das nicht, dass wir das Niveau, mit dem unsere Schule uns entließ, nicht noch verbessern könnten. Wozu gibt es Bücher? Lesen auch Sie jeden Tag. Und glauben Sie niemandem, der sagt, dass Bücherlesen vergeudete Zeit und Geldverschwendung sei. Lassen Sie sich die wundervolle Welt des Wissens nicht nehmen.

Finden Sie Zeitungen, die Ihren Horizont erweitern. Durchwandern Sie die Welten kluger Männer und Frauen. Lesen Sie ihre Biografien. Sehen Sie, warum und wie sie erfolgreich wurden. Lernen Sie von dem Mut dieser Menschen, der Klugheit, Besonnenheit, ihrer Kultur und Lebensfreude, der Begeisterung für das, was sie taten.

Verschieben Sie Ihren Horizont und Sie werden viel interessanter für Frauen, die von Natur aus gern lesen und kluge Männer lieben. Wenn Sie dazu noch praktisch begabt sind, wovon in Ihrem Berufsbereich auszugehen ist, dann gehören Sie zu den Gewinnern auf der Skala der Liebe. In einem kleinen Büchlein über das Leben des früheren Landwirtschaftsministers Ignaz Kiechle las ich kürzlich, wie er durch sein immer zielgerichtetes Handeln auch als Landwirt mit nur 20 ha und ein paar Kühen im Allgäu großen Erfolg im Leben als Politiker hatte. Bei all seinem Erfolg blieb er grundsätzlich sympathisch, volksnah und uneingebildet (siehe „Lesetipps" – H.-J. Mahnke: *Gefragt: Ignaz Kiechle*).

Hans, Landwirt und Fallschirmspringer

Hans, 38, ledig, gehört zu den Landwirten, die als Fallschirmspringer bei der Bundeswehr waren. Er kommt insgesamt mit seinem Hof klar. Geht wochenends aus und lernt durchaus Frauen kennen. Nur nicht diejenigen, die seine Schweine und Kühe so lieben würden wie er.

Er hat ein Faible für die USA. Fährt mit seinem Jeep quer durch die Lande. Englisch hat er sich mit dem Langenscheidt-Expresskurs beim Kühemelken „reingezogen". CDs kann man ja über Kopfhörer hören. Dies ist z.B. ein guter Weg, bei stereotypen Arbeiten auf dem Hof seinen Horizont zu erweitern.

Natürlich blieb Hans nicht lange in der Agentur. Die naturverbundenen Frauen trafen sich gern mit ihm. Er führte sie in schöne Restaurants.

Hans erzählte über sich und sein Leben und war rasch
vermittelt. Sein Mut, seine Wissbegierde und seine
Weltoffenheit verhalfen ihm zu einem schnellen Erfolg.

Gehen Sie eigene Wege

Wenn es für Ihre Zukunft nötig ist, gehen Sie eine
Zeitlang auch im Privatbereich für die Eltern völlig
unverständliche Wege.

Wenn der Landwirt ausschließlich auf seine Eltern
Rücksicht nimmt, auf deren Denken und Fühlen,
verpasst er oft seine eigenen Lebensziele und ist frustriert. Nicht nur, dass er geschäftliche Misserfolge
einstecken muss. Er wird immer uninteressanter für
Frauen, was biologische, soziologische, psychologi-
sche und historische Gründe hat.

Auch wirkt es wenig attraktiv, wenn erwachsene
Männer aus Stadt und Land Schutz unter Mutters
Rock suchen. Lesen Sie dazu die Geschichte von
dem Städter Werner im Kapitel „So kann es nicht
klappen". Mutter ist der TÜV in puncto Partnerschaft auf Ihrem Hof? Ändern Sie das!

WERDEN SIE AUTARK.

Dulden Sie keinesfalls derartige Einmischungen und
orientieren Sie sich bezüglich einer Partnerin an
Ihren eigenen Vorstellungen.

Stellen Sie Ihre eigenen Kriterien für die Partnerwahl zusammen. Folgen Sie Ihren innersten Wünschen und Herzensbedürfnissen.

HÖREN SIE AUF SICH SELBST.

Welcher Kater lässt sich vorschreiben, wo und wie er seine Mäuse fängt?

Sehen Sie die Welt durch Ihre eigene Brille, auch wenn es generell gut ist, sich in die Situation anderer hineinzuversetzen, um deren Handlungsweise zu verstehen und entsprechend agieren zu können. Bleiben Sie Ihrem eigenen Standpunkt dennoch immer dann treu, wenn es Ihre persönliche Entwicklung und die des Hofes zwingend erforderlich machen. Lernen Sie, Ihre eigenen Vorstellungen durchzusetzen und männlich und autark durchs Leben zu gehen.

Lernen Sie, einen möglichen Generationenkonflikt auszuhalten. Gehen Sie nicht immer den Weg des geringsten Widerstandes.

Sie haben die Pflicht, sich zuerst einmal selbst vor überalterten Denkweisen und Beschränkungen zu schützen. Sie könnten möglicherweise längst eine Partnerin gefunden haben und kämen insgesamt im Leben besser zurecht.

Sie sind der Prinz auf dem Hof. Kein männliches Dornröschen.

Dominik, der sich zu Hause
Respekt verschafft

Als er in meine Agentur kam, war er schon zehn Jahre allein und entsprechend frustriert. Dominiks Mutter hatte seinerzeit seine erste große Liebe vertrieben, da sie ein Kind von einem anderen Mann hatte.
Das war unzumutbar. Für die Mutter!

Er zog sich mit 28 Jahren zurück und ging den Weg des geringsten Widerstands. Der Gesundheitszustand der Mutter wurde von Jahr zu Jahr bedenklicher. Der Hof brauchte Hilfe. Es wurde dringend eine Frau benötigt. Dominik erzählte, dass er keineswegs größere Strecken fahren wolle, um eine Frau kennen zu lernen. Dass er noch ein wenig um seine verlorene Liebe trauere. Die

Zukünftige müsse katholisch und dürfe nicht geschieden sein. Und kein Kind haben.

Ich konnte Dominik überzeugen, dass er mit seinen Vorstellungen und Einschränkungen lediglich zum Sprachrohr der Mutter geworden war. Bei mir lernte er eine junge Dame kennen, für die er jeweils 250 km hin und zurück fahren musste.

Er blieb am Wochenende, reparierte ihren Zaun, ihr Herz und noch mehr. Handwerklich geschickt, humorvoll, muskulös und braun gebrannt hatte er sich trotz des massiven Einwirkens der Mutter auf sein Leben eine gewisse männliche Ausstrahlung bewahrt, was Frauen durchaus mögen. Marilyn Monroe nannte dieses Charisma in dem Film „Manche mögen's heiß" animalisch!

Die junge Frau, die er kennen lernte, war übrigens eine ausgesprochen hübsche und urweibliche Persönlichkeit, die unbedingt auf einen Bauernhof wollte. Es kam noch etwas hinzu. Sie war nach einer einwöchigen Ehe ge-schieden, brachte kein Kind, aber fünf Schafe mit.

Dies alles erzählte er zu Hause nicht.

Ihn störte es nicht.

Dominik und Carla wurden glücklich und ein starkes Paar. Bestärkt durch die Zuneigung der attraktiven, klugen, jungen Frau setzte sich der Landwirt endlich massiv für seine eigenen Interessen auf dem Hof ein. Die Mutter bekam Respekt vor ihrem zielorientierten Sohn. Sie sah endlich ihre Grenzen. Entdeckte das Positive an der neuen Situation. Auch für sich selbst: Weniger Verantwortung und Arbeit, neue Ideen für den Hof,

Sicherheit fürs Alter, einen zufriedenen Sohn. Die junge Frau half der Schwiegermutter. Sie kochte, machte Zusatzausbildungen. Und wurde zur Hofexpertin. Keiner meckerte an ihr rum. Denn dann wäre der jung verliebte Dominik wohl auch zum wilden Stier geworden. Welche Mutter möchte sich schon auf die Hörner eines Stiers nehmen lassen?

Während Dominik sich für seine Liebe einsetzte, verspielte der Geschäftsmann und Lohnunternehmer aus dem Stadtrandgebiet sein Glück.

Albert, ein Mann ohne Feingefühl

Cornelia, die seit einigen Monaten mit meinem Kunden Albert zusammenlebte, rief eines Tages verzweifelt an. Sie hatte sich unsterblich in Albert verliebt und er sich, wie er ihr beteuerte, auch in Cornelia. Leider aber kann man die Menschen häufig nicht an den Worten, sondern nur an ihren Taten messen. Bildschön und wohlhabend von zu Hause aus, versuchte Conny aus Liebe, allen Anforderungen auf dem Hof gerecht zu werden. Sie versorgte seine Kinder.
Fuhr Traktor, LKW. Half bei der Buchführung.
Wie selbstverständlich fuhr er ihren nagelneuen, schicken Sportwagen, verlangte aber von Cornelia, dass sie ihr einziges Hobby, das eigene Pferd, aufgeben solle.

„Von dem hohen Ross" würde er sie schon herunterholen, meinte er. Fünf Monate setzte sie sich unentwegt für die Hofbelange ein. Cornelia bekam kein Gehalt, wurde aber ständig von ihm, seiner Mutter und der Tante gerügt. Die beiden Frauen regierten gemeinsam die Küche mit dampfenden Töpfen und ständigen Essensritualen. Sie wussten alles besser. Mutter und Tante nutzten die Mahlzeiten, um Conny zurechtzuweisen. Nichts konnte die junge Frau diesem Trio Infernale recht machen. Zu dem Anruf bei mir kam es, als Conny herausfand, dass ihr Geliebter ständig mit anderen Frauen nicht nur flirtete.

Die tiefenpsychologischen Gründe, die zu Alberts wenig partnerschaftlichem, fast frauenfeindlichem Verhalten führten, wollen wir nicht weiter untersuchen. Das muss er selbst mit sich klären oder einem Experten.

Albert ist von einem Prinzen weit entfernt.

Im Gegensatz zu Dominik. Dominik hatte seine neue Liebe mit Kompetenz und u.a. einer Top-Küche als modernem Kommunikationscenter ausgestattet. Hier wurden nicht nur Marmeladen gekocht. Es war der Ort, wo ein kultiviertes Miteinander auf dem Hof stattfand. Wo viel gelacht wurde. Dominik erkannte rasch das Problem mit den vielen Köchinnen, die bekanntlich den Brei verderben, und baute aus diesem Grund seiner jungen Frau ein separates modernes Küchenzentrum. Auf einem Bauernhof ist eben alles möglich.

Oliver, ein Typ wie Hemingway

Oliver ist ein Teufelskerl, der nichts anbrennen lässt. Er ist fleißig, denn von nichts kommt nichts. Er hat seinen Hof in schlechten Zeiten auf Gemüsedirektverkauf umgestellt. Das Geschäft brummt, doch die viele Arbeit hat ihn von seiner ersten Frau, die sich ein ruhigeres Leben gewünscht hätte, entfremdet. Sie verlässt ihn und er findet Maggy.

Die attraktive Maggy ist genauso dynamisch und kreativ wie Oliver. Sie ist selbstständig, arbeitet viel und kocht für Upperclass-Gesellschaften in der Stadt. 41 Jahre alt, sucht sie den Mann ihrer Träume, bei dem sie ihre Kochträume leben, ihre eigenwilligen, expansiven Berufspläne verwirklichen kann.

Oliver ermöglicht ihr alles. Er hat Platz und richtet eine Superküche für seine Super-Maggy ein. Hemingway, wie sie ihn lächelnd nennt, geht auf die Jagd und streckt das Großwild nieder. Wenn es sein muss, legt er sich wochenlang nachts auf die Lauer. Sie steht auf, wenn er frühmorgens nach Hause kommt. Die beiden feiern seinen Dreiender. Das Tier wird verarbeitet und kommt ins Kühlhaus. Maggy liebt das Kochen. Sie plant große

Feste für Menschen, die sich verwöhnen lassen wollen. Sie betreibt eine Cateringfirma. Mit ihrem Benz bringt sie leckere Wildgerichte à la Hemingway, wundervolle Desserts und köstliche Torten zu ihren Kunden. Maggy liebt ihre Arbeit, und Hemingway liebt sie. Sorgt für Spargel, Tomaten, Hirsch, Reh, Hasen und Fasan.

Die beiden sind ein Team bei der Arbeit und im Leben.
Sie lieben sich und sind jeweils fasziniert von der Power
des anderen.
Ab und zu gibt es auf dem Hof ein großes Fest für die
Prominenz. Hemingway lässt sich von niemandem im
Leben besiegen, außer von seiner Traumfrau Maggy, die
nachts zur Tigerin wird. Sie kann darüber lachen,
wenn er seinen Freunden erzählt, dass sie schussfest ist
und ihre Schonzeit vorbei ist, wenn sie für die Tiere be-
ginnt. Sie sieht das umgekehrt.

Räumen Sie mit Ihrer Vergangenheit auf

Sie fragen sich, warum es gerade für Sie keine roten Rosen regnet? Warum Sie immer auf Frauen treffen, die lieblos zu Ihnen sind, Sie runterputzen oder beschimpfen? Obwohl Sie sich in der zuvor beschriebenen Weise immer wieder alle Mühe geben?

Frauen orientieren sich bei der Partnerwahl oft an der väterlichen Figur, Männer an der Mutter, die sie als kleine Jungen verehrten.

Wichtig ist es herauszufinden, was das für Leitfiguren waren, denen wir folgen, die wir unbewusst suchen, weil wir seelisch, geistig und emotional diese Atmosphäre wiederfinden möchten, auch wenn sie unserer Entwicklung geschadet hat. Es ist die Art von Nestwärme, die wir kennen.

Unser Barometer ist möglicherweise falsch eingestellt.

War die Mutter wirklich eine integere, liebende Person? Oder waren wir nur das Kind, das nebenher lief, weil es von einem Partner abstammte, den sie nur notgedrungen aushielt und sein Kind ebenso? Von einem Partner, den sie nicht respektierte, was sie auf das Kind übertrug? Hat sie Sie gegängelt, kaum beachtet oder mit Liebesentzug bestraft?

Und wie war das mit dem Vater? Hat er uns geliebt und war er bereit, Verantwortung für seine Familie zu übernehmen, oder fühlte er sich durch das Kind zu früh seiner Freiheit beraubt? Nahm er uns liebevoll an die Hand und zeigte uns die Welt mit

Ruhe, Humor und Liebe oder war er brutal, unzufrieden, unberechenbar, unerbittlich in seinen Forderungen.

In so einer Situation verklären Kinder die Eltern und flüchten sich in Träume vom Prinzen, von der Prinzessin und suchen sich zum Überleben ein Panama. Einen Ort, der Träume entstehen lässt, eine Oase des Glücks und der Harmonie. Wer immer im Schatten gelebt hat, muss sich an die Sonne erst gewöhnen.

Hubert – wir werden ihn im Kapitel „Der große Moment" noch als den „Räuber aus der Pfalz" kennen lernen – musste über 50 Jahre alt werden, um derartige verhängnisvolle Lebens- und Liebesmuster bei sich zu entdecken. Er hatte einen Wüterich zum Vater gehabt, der ihn schlug, obwohl er ein braves Kind war, das morgens vor der Schule die Kühe melkte. Weil keine Zeit für ein gemeinsames Frühstück war, nur einen Kanten Brot mitnahm und den weiten Weg zur Schule lief. Er wurde geschlagen, obwohl er bis spät abends auf dem Hof mithalf und kaum zu seinen Schulaufgaben kam. Er verbrachte manch eisige Nacht auf dem Dach des Hauses, weil der Vater mit einem Knüppel hinter ihm her war. Erst morgens, wenn die Mutter den Vater besänftigt hatte, kroch er in seine Kammer, schlief ein wenig und drückte sich ängstlich am Vater vorbei, wenn er in den Kuhstall ging. In der Lehre und auch später musste er alles Geld abgeben. Konnte sich kleinste Wünsche nicht erfüllen.

Er begegnete später immer Frauen, die ihn ausnahmen, obwohl er alles für sie tat. Er hatte Minderwertigkeitskomplexe und glaubte, sich Liebe kaufen zu müssen, nicht verdient zu haben. Das machte ihn langsam arm. Denn die Damen räumten seine Konten leer.

Er lernte in Gesprächen in meiner Agentur, dass er ein wertvoller und liebevoller Mensch war, der trotz seiner schwierigen Jugend viel im Leben erreicht hatte. Und dass er Frauen nach anderen Gesichtspunkten für sich suchen musste. Wie Sie erfahren werden, ist er inzwischen glücklich geworden.

Wenn auch in Ihnen destruktive alte Verhaltensmuster aus Kindertagen stecken, ändern Sie diese negativen Konditionierungen.

STELLEN SIE IHREN LIEBESKOMPASS NEU EIN.

Versuchen Sie, Ihren eigenen Schwächen wie Feigheit, dem mangelnden Selbstwertgefühl oder Ihrer verborgenen Aggressivität – soweit vorhanden – auf die Spur zu kommen. Wer sich entwickeln möchte, muss sich auch mit seinen Schattenseiten auseinander setzen.

Die Ursachen erforschen.

Die Negativenergien positiv nutzen.

Beim Joggen beispielsweise wird der Kopf frei und Sie können Ihr aggressives Potenzial abbauen. Feigheit begegnet man durch Selbsterkenntnis und

Bewusstseinsschulung. Minderwertigkeitsgefühlen
und auch Neid dadurch, dass man eigene Stärken
anerkennt und entsprechend pflegt.

Du hast nur zu wünschen, was du siehst, wenn du die
Augen schließt. Ist das vielleicht ein Satz, den Sie aus
der Kindheit kennen?

Ein Satz, der Ihre Lebensfreude lähmt?

Unser aller Leben aber fordert ständig Aktionen. Mut
und Tatkraft.

Und auch in der Liebe muss man sich den Herausforderungen stellen.

Zum Beispiel, wenn es darum geht, eine Frau zu
erobern.

Sollten Sie zu den Männern und Frauen mit
schwierigen Eltern gehören, stellen Sie sich Ihrer
Vergangenheit.

Stellen Sie den Kompass Ihrer Sehnsüchte neu ein.

Formulieren Sie Zukunftsziele, Wünsche, Sehnsüchte, Hoffnungen.

Begnügen Sie sich nicht mit Selbstmitleid.

KÄMPFEN SIE FÜR DIE LIEBE.

Seien Sie ehrlich mit sich. Greifen Sie ruhig nach den
Sternen.

Neue Partnerinnen werden Ihnen neue Welten er-
öffnen.

Auch Sie haben eine Frau verdient, die Sie liebt.

Flirten Sie

Flirten ist das Üben mit dem Falschen für den Richtigen.

Nachdem Sie nun Ihre Schwachstellen kennen, pflegen Sie doch vor allen Dingen Ihre Stärken. Polieren Sie Ihre Vorzüge auf Hochglanz.

GÖNNEN SIE SICH AUGENBLICKE.

Es gibt immer wieder Situationen in Ihrem Leben, in denen ein zwangloser Blickkontakt mit anderen Menschen entsteht. Genau das ist ja Flirten. Der zwanglose, unverbindliche Kontakt mit Menschen, die einem sympathisch sind. Es hat mit Spontaneität zu tun.
Drückt sich zum Beispiel aus in einem unverfänglichen Hilfsangebot.
Darf ich Ihnen aus dem Mantel helfen?
Kann ich Ihnen beim Tragen behilflich sein?
Beim Radwechsel?
Die kleine Einladung zum Eis, zum Kaffee als Dankeschön.
Der kleine Gruß auf dem Bierdeckel.
An die Windschutzscheibe gemalt.
In den Sand.
Die sanfte Berührung mit den Augen zur richtigen Zeit.
Ein klein wenig länger schauen. Wegschauen.

Und dann:

Sitzt sie da noch?

Das Hinterherschauen, wenn man sich verabschiedet hat.

Der Anruf, ob sie heil nach Hause gekommen ist, nach dem Treffen.

Flirten ist ein spielerisches Miteinander. Wer sich jedoch nicht wirklich seiner Schwächen und Stärken bewusst ist, dem fällt dieser spielerische Kontakt mit anderen Menschen schwer.

Wirkt eher gehemmt.

Das Spiel der Liebe, des Flirts, lebt auf dem Fundament der Lebensfreude.

Der Freude am Tag.

Dem Sonnenschein.

Dem Annehmen des Lebens und des Partners – so wie es und wie er ist.

Flirten funktioniert in einer Atmosphäre der Unbeschwertheit.

Stress und Sorgen sind Flirtkiller.

Widerstehen Sie Ihren Ängsten vor dem unbefangenen Miteinander im Leben. Lassen sie die Sterne blinken. Ihre Augen.

Ihr Lächeln ist ein kostbares und kostenloses Geschenk.

Wer liebt, erfährt Liebe.

Die Orientalen sagen, Liebe ist der Preis für die Liebe.

Damit, dass wir uns selbst lieben und das Leben, wie es ist, fängt alles an.

Beim Flirten erfahren wir die Leichtigkeit des Seins. Der Flirt ist das schönste Spiel, das uns das Leben geschenkt hat.

Mit ihm beginnt die Liebe.

Die Verführung.

Spielen Sie es.

SIE NEHMEN KONTAKT AUF

Holen Sie den Benz aus dem Stall

Putzen Sie ihn.
Fahren Sie los.
Um etwas in seinem Leben zu bewegen, muss man
sich zunächst selbst bewegen.

WERDEN SIE MOBIL.

Benutzen Sie bislang Ihr Auto nur, um Tante Trude
zu besuchen oder den Viehhändler? Ändern Sie das
bitte.

Sie kennen noch keine oder wenig schöne Cafés, Kinos, Ausflugsorte? Kuschelplätze an idyllischen Seen, Hotels allgemein?

Dann, lieber Prinz, setzen Sie sich schon an diesem Wochenende ins Auto. Fahren Sie los, wenn Sie Ihrer Traumfrau – nennen wir sie Laura – begegnen wollen.

Sagen Sie nicht, dass Sie keine Zeit haben.

Dass Ihre Kühe leider nicht wie die Espressomaschinen ein- und ausschaltbar sind.

In Wirklichkeit können Sie mit dem Argument Ihre Begegnungsängste vertuschen.

Dulden Sie bei sich keine Rückzugsmanöver dieser Art.

Suchen Sie Herausforderungen und stellen Sie sich ihnen.

Organisieren Sie Ihre Zeit neu, sodass Sie genauso wie der Städter Möglichkeiten finden, Frauen zu begegnen, die zu Ihnen passen könnten.

Fahren Sie dorthin, wo sie wohnt, oder treffen Sie sich in einem Gasthaus, am See, im Café, Restaurant.

GEHEN ZUNÄCHST SIE NEUE WEGE.

Nicht lange, und Laura kommt zu Ihnen. Viele landverliebte Frauen besitzen ein Auto und können es kaum erwarten, den Bauernhof des Mannes kennen zu lernen, in den sie sich verliebt haben. Die meisten Frauen sind begeisterte Autofahrerinnen. Manche fahren sogar LKW und viele Motorrad. Frauen, die aufs Land wollen, sind insgesamt mobil und praktisch veranlagt. Nutzen Sie dieses Wissen für Ihre Pläne.

Nachdem Sie jede Woche ein neues Ziel angesteuert haben, neue Geschäfte, Kinos und Lokalitäten, Weinstuben kennen lernten, sind Sie der Begegnung mit Ihrer zukünftigen Liebe schon ein großes Stück näher gekommen. Und noch eins.

Sie halten das Steuer Ihres Lebens wieder fest in eigener Hand.

Ganz anders als Günther aus der Stadt:

Günter, der ewig jugendliche Matador

Der Städter Günter, Mechaniker, hatte den Wunsch, eine Landwirtin kennen zu lernen.

Als junger Mann hatte er Furore gemacht, indem er seinen Wagen gern vor eine Wand setzte, um als jugendlicher Matador von jungen Mädchen gefeiert zu werden. Er war seinerzeit umlagert.

Inzwischen 38 Jahre alt und geschieden, kam er in meine Agentur, um eine Landwirtin kennen zu lernen. Unweit des Gehöftes einer meiner Damen setzte er seinen schlecht versicherten Jeep auf gerader Strecke vor einen Baum. Hoffte auf Mitleid und nächtliche Liebe. Nur, was mit 18 funktioniert, klappt mit 38 oft nicht mehr. Die zunächst interessierte, tüchtige Landwirtin

bot ihm eine Tasse Kaffee an. Sie rief ein Taxi für den „Unglücksraben".

Es war ihr unverständlich, dass Günter seinen Wagen an dieser Stelle an einen Baum gefahren hatte. Sie fand ihn unmännlich und unpraktisch, ja, infantil. Er war kein Mann, dem sie ihren Hof hätte anvertrauen wollen.

Was war geschehen?

Offenbar war Günters Unterbewusstsein mit einem Klick im falschen Programm gelandet. Günter musste alte Verhaltensmuster bei sich zunächst erkennen und verändern.

Pastor Fliege sagt immer am Ende seiner ARD-Sendung „Passen Sie gut auf sich auf." Wir müssen alle gut auf uns aufpassen, um nicht in alte

Handlungsmuster zu verfallen, die früher vielleicht richtig waren, uns heute jedoch schaden. Leben ist Bewegung. Wir alle müssen uns ständig auch geistig und seelisch bewegen, um im Fluss zu bleiben. Müssen notfalls wie der Angler, der an manchen Orten keine Fische mehr fängt, unseren Standort wechseln. Das Leben neu überdenken, unsere Verhaltensweisen überprüfen und ändern, den Zeitgeist nicht aus den Augen verlieren.

Schreiben Sie Briefe

Bevor es nun zur ersten Begegnung mit Laura kommen kann, sollten Sie ein paar Dinge beachten. Das erste Kennenlernen erfolgt oft über das Telefon. Über den Briefverkehr.

DENKEN SIE AN DIE GETRENNTE POST AUF DEM HOF.

Oft erlebe ich es, dass private Post des Sohnes und Hoferben geöffnet wird.
Die Eltern denken sich nichts dabei und meinen es auch nicht böse. Dennoch wird an dieser Stelle die Privatsphäre des Sohnes stark beeinträchtigt.
Bestehen Sie darauf, dass Ihnen die persönliche Post ungeöffnet übergeben wird.

Schreiben Sie Briefe immer in deutlicher Schrift.
Am besten am PC mit Rechtschreibprogramm.
Nette Formulierungen finden.
Sich kurz fassen.
Humorvoll schreiben.
Eine witzige Form der Briefgestaltung finden.

Liebe Laura,

Ihr Brief hat mir gefallen. Gern würde
ich Sie kennen lernen. Wie Sie schrieben,
besitzen Sie eine Katze namens Pirte.
Es gäbe für Pirte viel auf dem Hof zu
tun. Zum einen sitzt hier ein lustloser
Kater und zum zweiten tanzen viele
Mäuse auf dem Hof, weil Ferdinand,
so heißt er, zurzeit zu wenig fängt.
Aber ganz abgesehen von Pirte – würde
ich Sie natürlich gern zu einem Abend-
essen einladen.
Bitte teilen Sie mir mit, wann Sie Zeit
haben.
Hier ist zurzeit viel los. Die Ernte steht
ins Haus. Wenn Sie mögen, können Sie
gern einmal zuschauen, mit uns Kaffee
trinken und Tante Friedas selbst
gebackenen Topfkuchen probieren.
Wann Sie wollen, gerne auch Traktor
fahren.
Ein Tag auf dem Land ersetzt zwei
Stunden Solarium.
Wie auch immer.

Ich freue mich auf unser erstes
Treffen.

Leo

Telefonieren Sie

Beim Telefonieren ist es wichtig, während des Sprechens zu lächeln.

Sie können den Anrufer ja nur über Ihre Stimme anlächeln.

Probieren Sie es einmal.

Sprechen Sie, ohne zu lächeln.

Wie hört sich das an?

Und sprechen Sie laut, während Sie lächeln.

Ihre Stimme klingt garantiert weicher und freundlicher.

Auch ist wissenschaftlich erwiesen, dass Menschen, die viel lächeln, in einer besseren Gesamtverfassung sind.

Wenn Sie sich unsicher fühlen, notieren Sie vor dem Telefonat wichtige Fragen und Inhalte, die Sie erörtern möchten. Alles, was man niedergeschrieben hat, kann man sich besser merken und dann auch in geschliffenerer Sprache zum Ausdruck bringen.

Nehmen Sie sich bei wichtigen Telefonaten Zeit und Ruhe.

Lassen Sie sich nicht ablenken.

Besorgen Sie sich ein Handy.

Es ist unerlässlich bei Treffen, wo man sich während der Autofahrt informieren kann, ob und warum sich die Ankunft verzögert.

Das macht einen zuverlässigen Eindruck.

Und beim ersten Treffen kommt es auf jede Kleinigkeit an.

Oft entscheidet sich in den ersten Minuten, ob Ihnen ein Mensch sympathisch ist – oder nicht.

Sammeln Sie Pluspunkte über Ihr freundliches, ruhiges Telefonat.

Das erstklassige Organisieren der Fahrt.

Gegebenenfalls in Touristikbüros schöne Cafés ausmachen.

Museen, Gewässer, an denen es sich gut spazieren und plaudern lässt.

Sie können Ihrer Partnerin z.B. eine kleine Wegbeschreibung per Post senden. Per Fax oder E-Mail, falls Sie sich auf der Mitte des Wegs treffen oder später auf Ihrem Hof.

Grundsätzlich ist es immer galanter, wenn Sie die Mühe des Fahrens beim ersten Date auf sich nehmen. Das ist Kavalierspflicht.

Männer, die schon hier über Benzinkosten nachdenken und sparen wollen, bekommen oft Körbe. Lesen Sie das Beispiel von Harald hierzu im Kapitel „Nicht nachlassen". Harald ist ein Antityp der Verführung.

Antityp-Verhalten heißt:

Frauen am Telefon drangsalieren.

Immer wieder anrufen, obschon sie es sich verbittet.

Telefonterror ausüben.

Rufen Sie niemals nach starkem Alkoholkonsum an.

Noch eins:

Registrieren Sie schnell, ob Laura Zeit hat.

Laura könnte gerade, wenn Sie es sich gemütlich gemacht haben, um sie anzurufen,

auf der Toilette gewesen sein,

unter der Dusche,

den Wohnungsschlüssel in der Hand haben, weil sie das Haus verlassen will,

oder ihn suchen, weil sie ihn verlegt hat,

in Eile sein, weil sie ein Treffen mit jemandem hat,

furchtbare Kopfschmerzen haben,

einen jaulenden Hund rausbringen müssen, der darauf wartet,

ihr Kind von einem Kindergartentreffen abholen müssen,

oder einfach einen furchtbar schlechten Tag haben, weil alles schief gelaufen ist,

sie zum Beispiel in einen Platzregen geriet

und nun niesend darauf hofft, sich bald umziehen zu können.

Fragen Sie nach einem Termin, wann es Laura besser passen könnte.

Und wenn das wieder schief geht, dann ist Laura wohl eine Person, bei der immer etwas los ist. Bleiben Sie dran, wenn Sie mehr Turbulenzen in Ihrem Leben wünschen.

Übrigens würde ich einen unbekannten Gesprächsteilnehmer immer zuerst siezen. Wenn Sympathie vorhanden ist, duzt man sich recht schnell und ohne viel Aufhebens.

Schulen Sie Ihre Stimme

Ihre Wahrnehmung.

Von einem meiner Landwirte hörte ich, dass es diesbezüglich wunderbare Möglichkeiten in Landwirt-
schaftsverbänden gibt, zum Beispiel das BUS-
Training. Er nutzte diese Möglichkeit und erfuhr viel
über die begrenzte Wahrnehmung eines jeden

Menschen. Die Art unserer Wahrnehmung bestimmt
unser Leben. Jeder Mensch ist diesbezüglich allein
schon über die Art und Weise, wie er Dinge, die er
sieht, hört, fühlt, schmeckt, deutet, aufgrund seiner
Biografie und Erziehung begrenzt. Sich darüber im
Klaren zu sein, bedeutet auch, offener zu werden für
die Standpunkte anderer. Verbohrte Haltungen auf-
zugeben und die Welt auch mal aus dem Blickwinkel
seines Kontrahenten zu betrachten. Liebevoller mit

eigenen Schwächen und denen anderer umzugehen. Seine Selbstreflexion zu schulen. Das ist auch eine wichtige Sache bei den Themen Flirt und Verführung – nachzulesen in den Kapiteln „Aller Anfang ist schwer" und „Nicht nachlassen". Übernehmen Sie dieses Wissen um unser aller Unvollkommenheit mit in die Sprache.

Sprechen Sie mit Freunden und Bekannten mehr als früher. Sprechen Sie über Dinge, mit denen Sie sich zur Zeit gedanklich auseinander setzen. Weil sie vielleicht für Ihren Hof wichtig sind. Hören Sie sich die Meinungen anderer hierzu an. Beziehen Sie diese in Ihre Überlegungen mit ein. Seien Sie offen.

Keine Angst vorm Vorlesen. Lesen Sie bereitwillig aus Zeitungen und Büchern vor, wenn man Sie bittet. Das schult die Stimme. Lesen Sie Kindern aus der Verwandtschaft oder Nachbarschaft bei Geburtstagen z.B. aus den Büchern vor, die sie geschenkt bekommen haben. Das übt und macht Sie unvergessen als Onkel oder großer Freund und interessant auch für die Damen, die es gern sehen, wenn Männer mit Kindern gut umgehen können.

Beim Lautlesen werden einem die Inhalte des Gelesenen bewusster. Man behält Wesentliches leichter im Gedächtnis. Und man ist beim Lesen immer Protagonist, also Darsteller und Beobachter zugleich. Lesen schult die Sprache und Stimme.

Sie senken die Stimme automatisch und bekommen eine souveräne, männlich markante, akzentuierte Sprache.

Trainieren und beobachten Sie jeden Tag, wie Ihre Stimme auf andere wirkt.

Ist sie tief gelagert?

Oder ist sie hoch angesiedelt, weil Sie vielleicht zu hastig sprechen?

Dies kann eine tief sitzende Angst signalisieren, auch Hektik widerspiegeln. Letzteres wirkt beim ersten Telefonat zum Beispiel unmännlich.

Kann das Aus sein.

Wenn Frauen überlegen müssen, ob ein Mann oder eine Frau am Apparat ist, fällt das Verlieben schwer.

Sprechen Sie langsamer als früher.

Machen Sie bewusste Pausen beim Sprechen.

Betonen Sie dadurch Inhalte.

Geben Sie ihnen und damit sich selbst mit Ihrem Vortrag Gewicht.

Hinterm Vorhang haben Sie lange genug gestanden.

Die Bühne Ihres Lebens anderen überlassen.

Spezialisieren Sie sich.

Vielleicht auf ein landwirtschaftliches Thema, das Sie immer schon bis in die geschichtlichen und andere Tiefen durchforschen wollten. Beschäftigen Sie sich mit Politik. Mit der Familienchronik. Werden Sie zum Spezialisten in diesem Bereich und haben Sie keine Angst, Ihr Wissen überall, wo es gefragt ist, einzubringen.

So kommen Sie auch in heiklen Gesprächssituationen an.

Gerade in Diskussionen können Sie beweisen, dass Sie Sachkenntnis besitzen und fair mit anderen Menschen umgehen.

Atmen Sie in schwierigen Situation ganz bewusst und tief ein und aus.

Werden Sie immer ruhiger, je nervöser die anderen sind.

Werden Sie immer sachbezogener, bestimmter und freundlicher, wenn Ihr Gegenüber aggressiv ist.

Sprechen Sie betont und langsam.

Gönnen Sie sich Sekunden des Überlegens, bevor Sie antworten.

Seien Sie bestimmt und korrekt.

Erläutern Sie Ihre Standpunkte mit fester Stimme.

Lächeln Sie beim Sprechen.

Das macht Ihre Stimme weicher.

Bevor Sie etwas Negatives sagen, beginnen Sie zuerst mit dem Positiven. Geben Sie Ihrem Gesprächskontrahenten an einer Stelle Recht, wo Sie ihn bestätigen können.

Vertreten Sie anschließend Ihren Standpunkt dort, wo Sie sich unterscheiden.

Ihr Kontrahent sieht in Ihnen offensichtlich eine Gefahr, wenn er aggressiv wird. Bewahren Sie bei Attacken einen klaren Kopf.

Atmen Sie ruhig.

Sitzen Sie aufrecht und locker.

Bleiben Sie immer authentisch.

Seien Sie der, der Sie sind.

Profilieren Sie sich über Sprache

Einer meiner Kunden hat sich auf dem Kommunikationssektor so weit perfektioniert, dass er ständig gebeten wird, bei Beerdigungen, Geburten und Hochzeiten Reden zu halten. Er wird geschätzt und respektiert, weil er sich über die Zeit einen Fundus an Sprüchen und Weisheiten angeeignet hat, die er bei entsprechender Gelegenheit nutzt und an den Mann bringt.

Also, seien Sie mutig.

Erheben Sie sich gelegentlich von Ihrem Stuhl.

Prosten Sie allen freundlich zu und halten Sie eine kleine Stegreif-Rede.

Zeigen Sie Ihren Freunden, dass Sie improvisieren können und keinen besonderen Anlass brauchen, mit ihnen zu feiern.

Bei schwierigeren vor- oder nachzubereitenden Texten sollten Sie durchaus ein Lexikon oder Enzyklopädien in der Nähe haben. Dort können Sie unbekannte Begriffe nachschlagen und in den eigenen Wortschatz übernehmen.

Dank dieser Hilfsmittel können Sie jedes Ihnen unverständliche Wort bis auf den Grund erforschen. Wenn Sie sich z.B. auf diese Weise jeden Tag nur ein neues Wort merken, einen Ihnen unbekannten Begriff, haben Sie am Ende des Jahres 365 Dinge dazugelernt.

So wird Sprache für Sie langsam, aber sicher ein wahrer Schatz.

Erst über den differenzierten Umgang mit Sprache
kann eine moderne Gesellschaft, eine globale
Wirtschaft und letztlich auch Partnerschaft funk-
tionieren.

Achten Sie auf Ihr äußeres Erscheinungsbild

Nach so vielen Vorübungen, gehen Sie mit einem
besseren Gefühl zu Ihrer Verabredung.
Natürlich achten Sie bei Ihrem ersten Treffen auf Ihr
äußeres Erscheinungsbild.
Sie kleiden sich vielleicht sportlich-leger, weil Sie bei
dem ersten Telefonat mit Laura herausgefunden

haben, was diese an Männern schätzt und wie sie selbst am liebsten in der Öffentlichkeit auftritt.

Sie waren vielleicht beim Frisör und tragen jetzt einen modischeren Haarschnitt.

Körperliche Hygiene und ein Ihren Typ unterstreichendes Rasierwasser zeigen, dass es sich bei Ihnen um einen Mann handelt, dem sein äußeres Erscheinungsbild nicht gleichgültig ist.

Ein lustiger Buchtipp ist: K. Mazetti: *Der Kerl vom Land* (siehe „Lesetipps"). Bei Katarina Mazetti trifft der sympathische Waldbesitzer und Landwirt die Frau seines Lebens übrigens auf dem Friedhof, wo er das Grab seiner Eltern pflegt.

Nichts ist unmöglich, wenn das Unbewusste mitspielt.

Lassen Sie trotzdem beim ersten Treffen die Mütze mit den Ohrenklappen im Schrank.

Und auch bitte die weißen Tennissocken. Es gab trotz der weißen Socken dank meiner Intervention ein Happy End.

Cord, der endlich in die Hufe kam

Cord war ein 38-jähriger Landwirt, der sich jahrelang mit seiner Exfrau gerichtlich auseinander gesetzt hatte. Irgendwann hatte er den Kampf aufgegeben, seine Frau halten zu wollen. Er liebte sie. Aber sie wollte die Trennung.

Nach dem endgültigen Aus bei Gericht hatte er seinen Hof allein weitergeführt und verständlicherweise zunächst nichts mehr mit Frauen am Hut.

Obwohl die äußeren Rahmenbedingungen stimmten, fühlte er sich irgendwann nicht mehr wohl, weil ihm jemand fehlte, mit dem er seine Freuden und Sorgen teilen konnte. In dieser Situation stieß er auf meine Anzeige:

„Kommen Sie in die Hufe", war da zu lesen.

Ich hatte dies auf Wunsch von Rosi geschrieben.

Dieser Satz hatte ihn zum Lachen gebracht. Er kam in meine Agentur. War ein unkomplizierter, fröhlicher Mann. Ich sah ihn schon mit Rosi in meinem Büro sitzen. Wusste, dass sie zumindest gute Freunde werden konnten. Rosi war eine zierliche, hübsche Verkäuferin und Reiterin, die äußerlich und charakterlich gut zu ihm passen würde.

Schon beim ersten Telefonat verstanden sich die beiden blendend. Nach stundenlangen Unterhaltungen, in denen sie sich näher kennen lernten, kam es zum Treffen, das im Großen und Ganzen gut verlief. Cord erweckte durchaus auch bei Rosi den Eindruck eines fleißigen, witzigen, positiv denkenden Menschen.

Wären da nicht diese schrecklichen weißen Socken gewesen, die er beim ersten Treffen trug.

Rosi nahm nach dem ersten Treffen Abstand. Einen mit weißen Socken wollte sie nicht.

Meiner Meinung nach bekam Rosi an dieser Stelle Angst vor ihrer eigenen Courage und den aufflackernden Gefühlen für Cord. Ich konnte sie letztlich überzeugen, ein m.E. so lächerliches äußeres Detail nicht zum Anlass zu nehmen, die Verbindung abzubrechen. Sich noch einmal zu treffen. Ich schickte Cord dunkle Herrensocken. Rosis Kühlschrank war immer leer und Haushaltsgeld knapp. Als Rosi anderweitig beschäftigt war, hinterlegte Cord im Eisfach ihres Kühlschranks eine tiefgefrorene, mit Goldpapier umwickelte Gans und einen Geldschein. Die ohnehin dünne Eisschicht schmolz vollends. Liebe beginnt eben mit dem Geben, wie wir bei unseren Prinzen vom Lande sehen. Ungezwungen und oft mit viel Humor.

Cord und Rosi heirateten. Beide ziehen an einem Strang. Bauen sich inzwischen ein neues Wohnhaus. Lachen viel zusammen und holen sich gelegentlich bei

gemeinsamen Ausritten Blasen am Allerwertesten, wie
Cord mir telefonisch berichtete, während er früh-
morgens zu einem Großmarkt fuhr. Denn das ließ Cord
sich auch nicht nehmen. Er lernte gemeinsam mit Rosi
das Reiten. Er ist agil.
Und Rosi ist sein Ein und Alles. Der Stern am Himmel,
für den keine Reise zu weit ist. Mit ihr lernte Cord den
Bossa Nova. Beim gemeinsamen Reitunterricht, den
Paddeltouren und Wildwasserfahrten hört man weithin
ihr Lachen und ihr Lied.
Schuld war nur der Bossa Nova!

Auch Laura ist natürlich am liebsten mit gepflegten
Männern zusammen.

90 Prozent der jungen, modernen Landwirte, die
mich in meiner Agentur besuchen, sind übrigens äußerlich nicht von Bankern oder Steuerberatern zu
unterscheiden. Sie sind die Fünfkronen-Prinzen.

Schauen Sie sich mal in der Werbung die gepflegten
Kaffee-, Auto- und Versicherungsmänner an. Den
verheißungsvollen Blick und das offene Lächeln
dieser gedrillten männlichen Models können Sie
ruhig in unbeobachteter Stunde vorm Spiegel üben.

Kleider machen Leute. Die Schuhe sind geputzt und
stehen, wenn der ungepflasterte Hof bei Regen im
Morast versinkt, im Kofferraum des Autos, um dort
gegen die wetterfesten Gummistiefel eingetauscht zu
werden, wenn es nötig sein sollte.

Frauen mögen gepflegte Hände. Die meisten
Landwirte benutzen sehr oft Handschuhe und haben

ausgesprochen gepflegte Hände trotz der schweren, handwerklichen Arbeit auf dem Hof. Und das ist auch gut so, denn sie sind die Visitenkarte Ihrer männlichen Tatkraft und die ist Ihr absolutes Plus. Pflegen Sie es.

Nachdem Sie in den vergangenen Wochen in fremden Städten waren, haben Sie sicherlich neue Geschäfte für sich entdeckt. Schließlich brauchen Sie ja irgendwann mal ein Geschenk für Ihre Auserwählte, die sie bald treffen!

Vielleicht gönnen Sie sich ja auch mal selbst etwas. Eine neue Wildlederjacke, das schicke Hemd. Eine modische, gut sitzende Jeans?

So meistern Sie das erste Treffen

Kleiner Knigge für Prinzen vom Lande: Verhalten im Restaurant

Sie haben gemeinsam mit Laura einen Ort ausgesucht, wo Sie sich das erste Mal treffen wollen.

Natürlich öffnen Sie beim Betreten eines Lokals zunächst die Tür. Fragen Sie aber höflich, ob Sie hier vorangehen dürfen.

Verhalten in der Öffentlichkeit, Gesprächsführung und Manieren – allgemein und bei Tisch – sind für Frauen enorm wichtig.

Unsichere Frauen werden noch unsicherer, wenn Sie sich hier nicht bewähren. Selbstbewusste Frauen verlieren in solch einem Fall den Respekt vor Ihnen.

Werden Sie von einem Kellner empfangen, so geht dieser voran. Ihm folgt die Dame bis zu dem reservierten Tisch. Sie helfen ihr aus dem Mantel. Die meisten Frauen genießen diese Formen der Höflichkeit.

Die Frau wählt ihren Platz aus. Erst dann setzen Sie sich. Wenn es ganz klassisch zugehen soll, können Sie ihr mit dem Stuhl behilflich sein.

Wenn Sie Blumen mitgebracht haben, bitten Sie den Kellner als erstes um eine Vase.

Der Ober bringt in guten Restaurants die Karte und natürlich wird Laura zuerst bestellen dürfen. Selbstverständlich ist sie eingeladen. Egal, was es kosten wird. Ihr Hof geht dabei nicht verloren, im Gegenteil.

Marcus kommt in jeder Hinsicht gut an

Er ist modern, innovativ, tanzt gern und ist für viele Themen aufgeschlossen. Auch er fand in der Agentur rasch eine Frau. Sabine, 26, ledig, Krankenschwester, die – wie sich später herausstellen sollte – den Hof in jeder Hinsicht bereichert.

Marcus hat trotz seiner Jugend alles im Griff und auch Zeit, mal mit Sabine in Urlaub zu fahren. Sie lieben nämlich beide die Nord- und Ostsee. Er fährt Motorrad.

Sabine teilt sein Hobby. So gab und gibt es immer wieder Auszeiten.

Ihre Hunde liebten sich bei ihrem ersten Treffen auf Anhieb. Sorgten sofort für Nachwuchs. Auch ein Grund, warum die zwei sich von Anfang an jedes Wochenende trafen und nicht mehr aus den Augen ließen, nachdem sie sich an einem romantischen, sonnigen Tag kennen gelernt hatten. Das Pferd von Sabine bekam schnell einen Platz auf dem Hof. Ihre gemeinsamen Kinder sollen später auch reiten lernen.

Marcus ist ein moderner Landwirt, der in seinem Leben die Welt unvoreingenommen nimmt, wie sie ist. Der alle Aufgaben bewältigt, die sich ihm stellen. Nie käme es ihm in den Sinn, Sabine die Kosten, die das Pferd oder die gemeinsamen Kurzurlaube verursachen, vorzurechnen.

Er genießt es, seine Frau zu verwöhnen.

Geld darf keinesfalls zum Thema eines ersten Abends und einer Beziehung werden, ich kann das nicht oft genug erwähnen. Auch wenn viele Landwirte gelernt haben, nach dem Motto zu leben: Geld hat man, weil man es nicht ausgibt.

MACHEN SIE GELD NICHT ZUM THEMA.

Diesbezüglich lockerte sich auch das Denken eines Landwirtschaftsmechanikers und Landwirts, der zu mir kam.

Wilhelm, ein liebenswert knurriger Geizhals

Als er zu mir kam, ärgerte er sich darüber, dass er für die Vermittlungsarbeit Geld bezahlen sollte, während die Damen in meiner Kartei kostenlos aufgenommen werden. Ich erklärte ihm, dass gerade dadurch eine

Vielzahl von Frauen interessiert wären, in die Landwirtschaft vermittelt zu werden. Und tatsächlich gibt es neben in Not geratenen Frauen ebenso die Gartenbauarchitektin, die nette Lehrerin, die Krankenschwester oder MTA, die gerne aufs Land wollen, um dort endlich dem Richtigen zu begegnen, nachdem sie in der Stadt oft enttäuscht worden sind.

So lernte der etwas brummige, aber unter seinem dicken Fell sensible Wilhelm schließlich Kirsten kennen, eine Parkwächterin, Kassiererin, Verkäuferin – ein praktisches Allroundtalent. Kirsten hatte eine Tochter und einen aggressiven Ex-Mann, der sie noch manchmal belästigte. Ihr gefiel Wilhelms trockener Humor, seine direkte Art. Seine Tatkraft und Zuverlässigkeit, auch wenn er nicht viel über sich und seine Gefühle sprach.

Da Wilhelm Kirstens Gefühle nicht so recht einschätzen konnte, fragte er bei mir in seiner kurzen, knappen Art nach. „Was ist denn nun los?", fragte er. „Mutter wundert sich schon, dass ich nachts nicht schlafen kann und mir Milch aus dem Kühlschrank hole."

Ich beantwortete die unausgesprochene Frage und bestätigte ihm, dass Kirsten ihn mochte. Er brummte Unverständliches. „Denn man zu", sagte ich.

Inzwischen sind die beiden verheiratet. Wilhelm liebt Kirstens Tochter, als wäre sie sein eigenes Kind. Ist ein treuer, liebenswürdiger Knurrhahn geworden und alle zusammen genießen das Landleben und die mit ihm verbundenen Freiheiten. Kirsten liebt die Arbeit auf dem Hof. Morgens um 5 Uhr ist sie im Schweinestall. Kennt sich Wilhelms Aussagen zufolge dort besser aus als er selbst. Anschließend macht sie das Frühstück. Danach arbeitet sie im Kassenbereich eines Lebensmittelgeschäftes. Weiterhin bereitet sie das Mittagessen zu und hilft Wilhelm bei den allgemeinen Hofarbeiten. Sie liebt das Landleben über alles. Hat sich schon als Kind nichts anderes gewünscht. Neue

Kleider gibt es nicht mehr so oft bei Kirsten wie in früheren Zeiten. Aber das nimmt sie für Wilhelm gern in Kauf.
Das muss wohl Liebe sein.

Interessanterweise ist es mir in all den Jahren nur selten gelungen, eine der Landwirtstöchter zu vermitteln, die es eher in die Städte zieht. Vielleicht eine Programmierung aus Kindertagen, in denen die Mädchen früh in den Arbeitsablauf auf dem Hof eingebunden wurden, was sie vom Spielen abhielt. So sehen manche Landwirtstöchter heute eher die Nachteile als die Vorzüge des ländlichen Lebens, was ich bedauerlich finde.

Lea, eine Prinzessin auf der Erbse

Als Lea, Landwirtstochter, sich in meiner Agentur meldete, hatte sie ganz bestimmte Vorstellungen von dem Mann, der ihr die Sterne vom Himmel holen sollte.
Gebildet sollte er sein, groß, attraktiv und vermögend, damit sie, ohne auf dem Hof mitarbeiten zu müssen, ihrem Hobby Reiten nachgehen könnte. Sie wollte sich nicht auf einem Hof abrackern, wie es ihre Mutter vielleicht sogar gern gemacht hatte. Mein erster Vorschlag gefiel ihr nicht, weil Bernd ihrer Meinung nach literarisch ungebildet war.

Markus hatte einen Musterhof. War kommunikativ und hatte sein Leben im Griff, aber zu wenig Haare auf dem Kopf für Lea.

Bei Andreas passte ihr die Nase nicht. Sie bestellte ihn mit einer Rose an den Kreisverkehr und fuhr mit ihren Freundinnen oft lachend an ihm vorbei.

Hendrik war gleich groß. Wann hätte sie dann ihre 8 cm hohen Pumps tragen können?

Gerhard war zu groß und sollte vor der Ehe einen Vertrag mit ihr abschließen, dass sie nie mitarbeiten müsse. Er suchte und fand eine Frau, die die Hofarbeit mochte.

Schließlich traf Lea den 35-jährigen nicht unvermögenden, weltbereisten Thor, der einen schönen Hof besaß und ihr auf Anhieb gefiel. Sie errötete beim Treffen, wurde unsicher und kannte sich selbst nicht mehr. Thor war gebildet, kannte sich in Kunst und Literatur bestens aus und sagte Lea nach dem ersten

Rendezvous ab, weil sie ihm nicht standesgemäß erschien. Von einem kleinen Hof kam. Es ihr an Feingefühl mangele.

Er sagte ihr, sie solle sich einen einfachen Mann in der Stadt suchen, der mehr ihrem Niveau entspräche. Außerdem sei er nicht bereit, psychologisch aufzuarbeiten, warum sie gerade an Bauernsöhnen so viel auszusetzen habe, was sie ihm leider erzählt hatte.

Thor fand im nächsten Versuch Kati, eine Grundschullehrerin, die sich seinetwegen versetzen ließ. Inzwischen melkt sie hin und wieder gern Kühe und nutzt Thors Anwesen als Anschauungsobjekt im Schulunterricht.

Ab und zu verreisen sie nach Wien oder Florenz.

Gesprächsführung

Zurück ins Lokal, zu Ihnen und Laura …

Inzwischen hat der Ober den bestellten Wein gebracht, den Sie gemeinsam ausgesucht haben. Sie probieren und stoßen mit Laura auf das Treffen an. Sie freuen sich und bringen das auch zum Ausdruck. Beim Gespräch schauen Sie Laura in die Augen. Interessieren sich in jeder Hinsicht für Ihre Gesprächspartnerin. Fragen Sie zum Beispiel nach der Fahrt.

Dort, wo Laura aufhört zu erzählen, führen Sie das Gespräch fort, indem Sie sich auf die letzten Ausführungen der jungen Dame einfach beziehen.

Sie: Laura, schön, dass wir uns heute endlich persönlich kennen lernen. Hattest du eine angenehme Fahrt?

Laura: Doch ja, bestens. Lief alles glatt, bis auf einen kurzen Stau.

Sie: Stimmt, es macht manchmal keinen Spaß mehr, Auto zu fahren. Obwohl es sich so anhört, als wärst du gern unterwegs.

Laura: Hört sich nicht nur so an. Ich liebe es! Besonders längere Strecken.

Sie: Und wohin geht es dann?

Laura: Du, ich bin letztes Jahr noch mit einer ziemlich alten Kiste nach Spanien gefahren. Madrid.

Sie: Liebst du die heißen, südlichen Länder?

Laura: Nein, gar nicht so, ich bin deshalb auch im Frühling gefahren. Eigentlich mag ich die See und ein mittleres Klima.

Sie: Das geht mir ähnlich. Ich habe schon einige Urlaube auf Inseln in der Nordsee verbracht.

Laura: Wo denn genau? Ich war schon ein paarmal auf Juist und Norderney.

Sie: Ich finde Juist schöner als Norderney, da herrscht mir inzwischen zu viel Hektik.

Laura: Stimmt! Warst du auch schon mal im Osten? Usedom zum Beispiel?

Sie: Usedom? Nein, aber ich habe schon viel davon gehört. Ein Nachbar erzählte kürzlich, dass sein Sohn und seine Schwiegertochter ...

Das kann endlos so weitergehen und im Verlaufe des Smalltalks lernen Sie viel übereinander. Bei all dem lockern sich die Gesprächsatmosphäre und Ihre Anspannung.

Inzwischen hat der Ober das Essen gebracht.

Bei den Mahlzeiten gilt es, das Besteck von außen nach innen zu benutzen. Die Serviette versinkt nicht mit der Spitze im aufgeknöpften Hemd, sondern gehört immer auf den Schoß oder wieder auf den Tisch.

Besondere Anlässe brauchen besondere Speisen und Getränke. Sie stoßen zwischendurch mit der Dame an, wobei Sie den Stil des Glases zwischen den Fingern halten. Und jetzt haben Sie hoffentlich den verträumten Blick vom Kaffeemann oder von Sean Connery drauf.

Mit dem Essen beginnt man erst, wenn alle bedient worden sind. Das gilt natürlich auch für zu Hause.

Und bitte: Benutzen Sie niemals Zahnstocher während des Essens oder danach – möglichst hinter vorgehaltener Hand. Diese unappetitlichen Hölzchen werfen Sie am besten gleich in den Müll.

Die Arme bleiben während des Speisens nahe am Oberkörper. Aber nicht wie bei Bernhard, einem Buchhalter:

Bernhard musste locker werden

Er presste die Arme während der Mahlzeiten an den Körper, als müsse er einen Holzstab vom Mikadospiel halten. Bernhard war hoffnungslos verklemmt. Jeder wusste sofort, warum er allein blieb.

Die zusammengepressten Knie wirkten beim Kennenlernen junger Damen auch nicht hilfreich. Bernhard war insgesamt kontaktscheu. Ihm konnte ein Tanzkurs helfen. Aber welche Frau lässt sich von einem Mann wie ihm auffordern?

Schließlich macht es ja keinen Spaß, wie eine Sardine in der Dose in seinen Armen zu klemmen. Bernhard musste erst einmal zu Hause allein vor einem Spiegel üben. Lockerer werden. Volkstanzgruppen, Kurse in der Volkshochschule und nette Freunde halfen zusätzlich. Im fröhlichen und freundschaftlichen Miteinander verlieren sich Hemmungen und Berührungsängste spielerisch.

Es ist ja immer so. Wenn wir an einer Stelle beginnen, etwas in unserem Leben zu verändern, ergeben sich daraus zwangsläufig neue Situationen.

Bernhard ist inzwischen erstaunlicherweise mit der attraktiven Kursleiterin verheiratet. Tanzt heute wie ein Weltmeister lateinamerikanische Tänze. Tango.

Sie sind Laura schon ein wenig näher gekommen und genießen unverkrampft Ihr gemeinsames Menü. Aber natürlich gibt es überall kleine Fallstricke.

Denken Sie nur an die Nudel von Loriot in einem seiner berühmten Sketche. Darum tupfen Sie sich öfter mal mit der Serviette den Mund ab.

Mit vollem Munde spricht man nicht. Im Kindergarten lernen dies die Kleinen. Das gilt allerdings auch später noch.

Die Serviette landet zum Schluss niemals auf dem Teller, sondern wird gefaltet links neben ihn gelegt.

Vor dem Trinken des Weines werden die Lippen leicht mit der Serviette gesäubert um zu verhindern, dass Fett an den Glasrändern klebt.

Tabuthemen

Wenn Sie bis hierher so ziemlich alle Fehler vermeiden konnten und sich inzwischen vertraut fühlen, achten Sie auf die Gesprächsführung.

Belasten Sie zum Beispiel Laura an dieser Stelle nicht mit Ihren Sorgen und Ängsten. Themen dieser Art sind beim ersten Date tabu.

Besprechen Sie so etwas lieber mit Ihrem besten Freund.

Frauen suchen starke Männer, die das Leben bewältigen und Herausforderungen gern annehmen.

68

Jeder Mensch hat durchaus Probleme mit sich und seinen Lebensumständen. Leider hilft es nicht, ständig darüber zu klagen.

SEIEN SIE KEIN TRAUERKLOSS.

Laura mag nämlich keine Trauerklöße.
Findet sie nur so lange interessant, bis sie dem Grund ihrer Depression auf die Schliche gekommen ist. Dann werden sie als langweilig empfunden, als Horror und zum Psychologen geschickt. Experten bekommen Geld fürs Zuhören.
Meiden Sie zu persönliche Themen. Führen Sie heitere, unverfängliche Gespräche.

SEIEN SIE HUMORVOLL UND UNTERHALTSAM.

Dann sind Sie immer auf der Seite der Gewinner.

Stefan, Monsieur 100 000 Volt

Stefan, 60, war ein toller Landwirt und charismatischer Mann. Er hatte eine Ausstrahlung von leiser Lebensfreude und männlicher Stärke. Mit vielen Ideen gestaltete er seinen Hof.

Seit fünf Jahren verwitwet, hörte er eines Tages beim Traktorfahren im Hörfunk von mir und rief in der Weihnachtszeit an. Stefan war ein tatkräftiger, eigentlich optimistischer, in jeder Hinsicht agiler Mensch, den das Schicksal so schnell nicht umwerfen konnte.

Alle Vorschläge, die er bekam, nutzte Stefan unverzüglich. Er fuhr mit seinem Auto los. Begegnete sympathischen Frauen. Ging mit ihnen in Restaurants. Langsam freute er sich wieder am Leben. Endlich konnte er sein Tandem wieder aus dem Stall holen und mit den neu gefundenen Freundinnen Schlittschuh laufen, Tango tanzen oder Skaten.

Mehrere der Damen aus meiner Kartei wollten ihn kennen lernen und verloren ihr Herz nach gemütlichen Ausflügen in Stadt und Land.

Der begehrte Stefan fand schließlich eine wundervolle, jüngere, sehr attraktive Frau mit akademischem Beruf. Erfolgreich, hochattraktiv, mit erwachsenen Kindern, in die er sich verliebte. Und sie sich in ihn.
Diese Frau brachte ganz neuen Wind auf den Hof und hatte viele innovative Ideen. Stefan weiß, was er will. Mit Charme, Beweglichkeit und Kreativität verfolgt er tagtäglich seine Lebensziele. Das spürten die Frauen alle rasch und konnten ihm und seiner positiven Lebensenergie nicht widerstehen.

Hubert aus der Pfalz hätte zu Anfang einiges von ihm lernen können.

Hubert, der Räuber aus der Pfalz

Hubert, den ich nach meinen ersten Eindrücken am Telefon sofort den Räuber aus der Pfalz nannte, weil mir spontan der Hotzenplotz einfiel, schimpfte mehr oder weniger ins Telefon, es müsse endlich mal wieder jemand sein Haus putzen. Unter diesen Umständen sah ich keine Chance für eine Vermittlung und beendete rasch das Gespräch.
Eines Tages stand er einfach in der Tür meines Büros, um den Eindruck zu korrigieren, den ich von ihm gehabt hatte.
Äußerlich erinnerte er mich tatsächlich an die Romanfigur des Räubers oder den Schinderhannes (zumindest

war er so groß und stattlich wie der normannische Kleiderschrank Curd Jürgens in seiner Rolle). Er trug einen großen Lederhut, einen breiten Gürtel, der die Hose hielt, und hatte ein erdbraunes ledernes Hemd um seinen mächtigen Bauch gewickelt.

Eigentlich fehlten ihm nur ein Messer im Gürtel, eine Seite Speck im Rucksack und einige Flaschen Wein, damit er die Wälder durchstreifen konnte.

Der erste persönliche Eindruck stimmte mit dem überein, was ich nach dem Telefonat gedacht hatte.

Natürlich rief manchmal auch eine verkappte Ronja Räubertochter in meiner Agentur an, die ich an Hubert vermittelte. Ohne Putzlappen. Zunächst verpatzte er die möglichen Treffen schon am Telefon. Er sprach gern über Sex. Das Wie, Wann und Wo.

Merken Sie sich, dass auch dies ein absolutes Tabu sein muss.

Auch wenn Sie das Thema reizen sollte und Sie wie der Räuber eine klare unverblümte Sprache lieben, vermeiden Sie unter allen Umständen dieses Thema am Anfang Ihrer Beziehung.

Die meisten Frauen lieben diesbezüglich die Distanz.

Respektieren Sie das.

Sonst lassen sich die Frauen alles Mögliche einfallen, um Sie loszuwerden.

Sie sind da sehr erfinderisch.

Legen einfach auf.

Lassen sich verleugnen.

Behaupten, dass sie inzwischen jemanden gefunden haben. Was nicht der Wahrheit entsprechen muss.

Und schon sind Sie aus dem Spiel.

Der Räuber aus der Pfalz konnte das nicht verstehen. Hatten sich die Frauen doch seiner Meinung nach auf dieses Thema gern eingelassen. Frauen sind eben wie Detektive. Von Natur aus neugierig, kommunikativ und wissbegierig. Lassen Sie sich an dieser Stelle nicht von Ihren Telefonpartnerinnen mit schmeichelnden Worten und brombeerroten Lippen aufs Glatteis führen. Lassen Sie sich am Beginn einer Freundschaft nicht alle Geheimnisse Ihres Liebeslebens entlocken.

Bewahren Sie sich anfangs eigentlich immer – wenn Sie klug sind – eine Aura des Geheimnisvollen und Undurchschaubaren. Das macht Sie erotisch.

Und Erotik hat mit Sex wenig zu tun. Erotik ist Ausdruck des Werbens mit zarten Anspielungen in Wort und Tat. Erotik gibt Freiräume und lässt vieles erahnen. Nicht mehr. Ist sehr intim, ohne aufdringlich zu sein. Lässt Spielräume für Phantasie und Romantik.
Geheimnisse gehören immer dazu.

HÜTEN SIE IHRE GEHEIMNISSE.

Sie zu enträtseln oder auch nicht, bereitet Frauen und Männern Freude. Ein Modell mit schicken Dessous ist oft interessanter als das Nacktmodell. Also hüten Sie Ihre Geheimnisse. Der Reichstag in Berlin erfuhr allseits besonderes Interesse, als er von dem Künstler Christo verhüllt wurde.

Hubert fand in der Agentur trotz seiner direkten Art sein Glück. Ausnahmen bestätigen eben die Regel. Eine Sekretärin im tierärztlichen Bereich verliebte sich in seine Kuh Nr. 52, als diese kalbte. Und später in den wilden Räuber, der mit Tieren gut umzugehen verstand. Entgegen seinen anfänglichen Aussagen warmherzig war, nicht nur eine Putzfrau suchte, sondern seine neue Frau verwöhnte. Küssen können Räuber immer. Das weiß jeder.

Zurück ins Restaurant …

Wenn Sie Laura bei Tisch besser kennen gelernt haben, gehen Sie weiterhin behutsam mit ihr um. Vermeiden Sie derbe Männerwitze über Gewalt, andere Frauen, deren Aussehen oder Fehler.

Laura wird sonst denken, dass Sie vielleicht später auch über sie so reden könnten.

Sie führen inzwischen eine lockere, angenehme Unterhaltung und Laura ist ganz begeistert, dass Sie nicht nur über niedrige Schweinepreise, Autos und Fußball, Hosen im Mischgewebe mit Bügelfalte, die nicht ausbeulen und die man in früheren Zeiten für 20 Euro bekam, sprechen, sondern Lauras Interessen gespannt folgen. Humorvolle, unterhaltsame Männer haben Erfolg bei Frauen.

Machen Sie es auf keinen Fall wie der Geschäftsmann, den ich immer in meinem Lieblingsrestaurant beobachte. Obschon in Begleitung seiner Frau versteckt er sich hinter seiner Zeitung und sagt nichts. Zwischendurch lässt er eine Seite der Zeitung sinken, spießt mit seiner Gabel etwas vom Teller, schiebt es sich in den Mund, legt die Gabel zurück, nimmt die herunterhängende Seite und liest weiter. Seine Frau sitzt ihm gegenüber – wie zur Salzsäule erstarrt.

Warum kippt sie ihm nicht mal Suppe auf die Hose, frage ich mich immer. Oder bohrt mit der Kerze von der Weihnachtsdekoration Löcher in die Zeitung? Ist sie vielleicht froh, dass sie ihm nicht mehr zuhören muss?

modernen Landwirten aus meiner Agentur nicht. Da
herrscht ein lebendiges Miteinander.

Rolf liebt Bratkartoffeln und eine Dame von der Bundesbahn

Ein ausgesprochen sympathischer Landwirt aus dem Sauerland suchte in meiner Agentur eine Frau. Lange Jahre einsam, nach dem Tod der Mutter allein mit dem Vater auf dem Hof, war Rolf, 41, durch sehr viel Arbeit und Fürsorge für den alten Mann gar nicht dazu gekommen, an seine eigenen Wünsche zu denken. Rolf hielt die Zügel auf seinem Hof immer fest in der Hand und der Betrieb florierte.

Aber er hatte das Gefühl, dass er aufpassen musste, hinsichtlich seiner partnerschaftlichen Interessen den Zug nicht zu verpassen.

Der Vater unterstützte ihn bei der Suche nach der richtigen Frau. Wollte, dass endlich eine Schwiegertochter ins Haus kommt, die mit seinem Sohn glücklich werden konnte.

Und es wurde tatsächlich Zeit. Denn Rolf wünschte sich noch mindestens ein Kind. Allen Adressen von Frauen ging Rolf nach. Traf sich in schönen Restaurants und unterhielt sich angeregt mit den Frauen, weil er sich wirklich für sie interessierte, die Treffen und Gespräche mit den Frauen genoss. Rolf ist der Typ, der gern verwöhnt.

Als Gesprächspartner ist er durchaus interessant, bei der Partnersuche aber wählerisch. Nach zehn Wochen und mehreren Versuchen lernte Rolf Beatrice kennen, die gar nicht weit von seinem Hof entfernt todunglücklich bei der Bundesbahn arbeitete.

Je älter sie wurde, desto mehr spürte sie, dass sie an ihrem eigentlichen Lebensziel im ICE vorbeizufahren schien. Sie besaß ein Pferd und tröstete sich an Wochenenden in der Natur durch die Beschäftigung mit dem Tier über die Einsamkeit hinweg.

Beatrice wünschte sich ein Leben lang einen Landwirt. Einen knuddeligen Kerl zum Liebhaben.

Den lernte sie mit ihrem ersten Vorschlag kennen. Rolf! Rasch stellte sie fest, was für ein toller Vater und Ehemann in ihm steckten. Wie sozial, liebenswürdig und humorvoll, wie korrekt er war. Sie ließ ihn nicht mehr los. Auch sie wünschte sich Kinder.

Zunächst erschreckte Rolf das Tempo dieser Frau. Er wollte eher zurückhaltend und vorsichtig mit den

Kontakten in der Agentur umgehen. Aber Beatrice war es gewöhnt, im ICE an Bauernhöfen und Kühen vorbeizujagen, und wollte nun Nägel mit Köpfen machen.

Beatrice wusste, dass Rolf gern aß und derbe Hausmannskost wie Bratkartoffeln liebte.

Instinktiv ahnte sie, dass Rolf der Richtige für sie war und dass sie ihn liebte. Da sie vor Sehnsucht manchmal nicht mehr schlafen konnte, fackelte sie nicht lange, besuchte ihn auf dem Hof mit Töpfen und dem ganzen „Gedöns", das sie zum Kochen benötigte.

Während Rolf im Stall zu tun hatte, bereitete sie in der Küche Gulasch mit Bratkartoffeln zu. Bei der Gelegenheit deponierte sie gleich eigene Töpfe und mehrere Bratpfannen. Sie hatte die Absicht, wiederzukommen.

Es machte Bea Spaß, Rolf und seinen Vater zu verwöhnen, die das dankbar annahmen. Beim nächsten Besuch holte sie mit Rolf das erste Kälbchen. Bea landete dabei im Kuhfladen. Das bringt Glück, sagte sie allen, die es hören wollten, und freute sich über das gesunde Kälbchen. Self-fulfilling prophecy! Auch Rolf war über die unkomplizierte, humorvolle, tüchtige Frau an seiner Seite inzwischen mehr als glücklich. Alles machte sie mit Begeisterung und Freude. Er war hingerissen von Beas ICE-Tempo und ihrem leidenschaftlichen Temperament.

Ein Jahr, nachdem sie sich kennen gelernt hatten, heirateten die zwei. Inmitten von vielen Freunden und Nachbarn fand ihre romantische Hochzeit statt. Ein Jahr später kam die Tochter Linda zur Welt.

Die Kleine sitzt schon nach drei Monaten im Hochstühlchen und haut mit dem Löffel auf das Tischchen. Fordert Bratkartoffeln. Die isst sie am liebsten. Den Möhrenbrei lässt Linda stehen. Rolf ist oft dabei, wenn das Töchterchen gefüttert wird, und spielt mit der Kleinen, wann immer es ihm möglich ist. Linda ist auch Opas ganzer Stolz und Beatrice sagt, dass Rolf, die Kleine und auch das Familienleben mit dem Schwiegervater das Beste sind, was ihr hat passieren können. Unsere Tochter ist der Traum unseres Lebens und unsere Beziehung und Liebe alles andere als ein Bratkartoffelverhältnis.
Was will eine Frau mehr.

Dem ist eigentlich nichts mehr hinzuzufügen. Außer, dass Kuhfladen durchaus Glück bringen können und auch Damen von der Bundesbahn die ICE-Kücheninnovation auf einem Bauernhof sein können.

Bis hierher war der Abend mit Laura ein voller Erfolg.
Sie waren aufmerksam, fürsorglich, kommunikativ und großzügig. Verderben Sie ihn nicht noch für den Fall, dass Sie Laura nach Hause bringen müssen und den Weg nicht so genau kennen.
Frauen haben nachweisbar eine schlechtere Orientierung als Männer und daher sollten Sie Ihre Beifahrerin nicht mit Kartenlesen und geographischen Experimenten überfordern.

HALTEN SIE IHRE TRAUM-FRAU FEST

Passen Männer und Frauen zusammen?

Manchen Streit könnten Sie vermeiden, wenn Sie vor einer längeren Fahrt die Streckenführung selbst festlegten, statt Ihre „Angebetete" während des Fahrens in den unübersichtlichen Karten wühlen zu lassen, von denen sie nicht viel versteht. Die sie zu Ihrem Entsetzen bis zur Unkenntlichkeit immer wieder dreht und wendet. Zerknittert und zerknüllt, um alles von unten oder oben zu betrachten.

An dieser Stelle sind schon Beziehungen und Ehen zerbrochen (siehe „Lesetipps" – A. und B. Pease, *Warum Männer nicht zuhören und Frauen schlecht einparken*).

Was tun, wenn sie nun nicht weiß, wo es lang geht? Und er nicht anhält, um selbst nach dem Weg zu fragen.

Es ist ja bekannt, dass Männer – und da kann ich die modernen Prinzen nicht ausnehmen – sich niemals eingestehen, dass sie irgendetwas nicht wissen. Schon gar nicht Dinge, die mit dem Autofahren zu tun haben. Wo, bitte schön, geht es zur Front?

Männer kommen nachgewiesenermaßen selten auf die Idee, einen Fremden nach der Route zu fragen, die sie ausnahmsweise nicht wissen, obschon sie von Natur aus einen besseren Orientierungssinn besitzen als Frauen. Das ließe ihr Stolz nicht zu. Lieber fahren sie Umwege, die als Abkürzung deklariert werden, oder schieben die Schuld auf den Kartenhersteller, das Wetter oder eben die Beifahrerin.

Pedro, ein verrückter Autofahrer

Carmen ist in einem Café beschäftigt. Sie arbeitet von morgens bis abends und hat noch eine kleine Stelle nebenbei. Ihr Mann findet – obschon gebaut wie ein walisischer Kleiderschrank – keine Arbeit. Er hütet das kleine Töchterchen. Carmen hat ihren Urlaub mit Flugzeug nach Spanien gebucht, obschon sie für die Familie ein wunderschönes Auto gekauft und finanziert hat.

Ich würde ja gern mit meinem Mann fahren, erzählt sie. Wir könnten viel Geld sparen. Aber so eine Tortur wie im letzten Jahr mache ich nie mehr mit. Als ich in Spanien ankam, war ich gestresst wie nach einem Marathonlauf.

Mein Mann ist gefahren wie ein Verrückter. Wenn ich etwas zu sagen wagte, wurde er ungehalten und trat noch mehr aufs Gaspedal. Ich hatte während der Fahrt eine unglaubliche Angst um uns alle.

In Frankreich fuhr er einfach wild herum. Verfuhr sich 200 km lang, weil er nicht auf mich hörte. Obschon ich französisch kann, durfte ich nicht nach der Route fragen. Trotzdem gab er mir hinterher die Schuld für

diese abenteuerliche Autofahrt. Zwei Wochen lang plagte mich die Angst vor der Heimfahrt. Er verhielt sich genauso verrückt wie auf der Hinfahrt.

Noch eine Geschichte zu dem Thema:

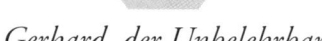

Gerhard, der Unbelehrbare

Vor über 35 Jahren fuhr mein Onkel Gerhard mit seiner Familie und mir, in seinem Ford-Combi mit großem Kajütboot auf dem Hänger bei Schnee und Glatteis über das Stilfser Joch. Natürlich hatte er sich saftig verfahren, aber das hätte er niemals zugegeben. Die zaghaften Einwände meiner Tante, das könne unmöglich die richtige Route sein, wurden samt und sonders unwirsch zurückgewiesen.

Ich war schon damals gläubig und betete zu Gott. Flehte unseren Schutzengel an, den Fahrer mit Steinzeitverhalten zur Ordnung zu rufen. Meine Gebete wurden nicht erhört. Mein Onkel fuhr und fuhr. Schien sich in den Berg brechen zu wollen. Jagte die Serpentinen mit qualmenden Reifen hoch. Am felsigen Abgrund entlang, über viel zu schmale, holprige Holzbrücken.

Die Italiener flitzten in ihren heißen Alpha-Schlitten den Berg runter und bestaunten den verrückten Deutschen, der mit hin- und herschwankendem Hänger in italo-rasantem Tempo das Leben seiner Familie und Nichte aufs Spiel setzte, weil er seinen Fehler nicht zugeben wollte. Ich habe mir damals – wie Carmen heute – geschworen, mit ihm niemals mehr und nirgendwohin zu fahren. Deshalb genoss ich die Rückfahrt per Bundesbahn.

Vielleicht liegen grundsätzlich verschiedene Verhaltensmuster zwischen Mann und Frau, die zu anderen Ansprüchen und Erwartungen führen, auch an evolutionär bedingten biologischen Unterschieden. Männer und Frauen haben wissenschaftlich gesehen z.B. verschieden aufgebaute Hirne. Daraus leiten Wissenschaftler die bei Mädchen von früh an gut ausgebildete Kommunikationsbegabung ab und bei den Jungen das starke Interesse an Technik, Strukturen, Mobilität. Männer sehen weit und klar geradeaus. Das kommt ihnen nicht nur beim Schießen zugute. Aber hin und wieder scheinen das auch Frauen zu können.

Ilse aus dem Thüringer Wald

Ilse aus dem Thüringer Wald sollte ein Junge werden. Weil sie aber als Mädchen zur Welt kam, beschloss der Großvater, ihr trotzdem jedes männliche Wissen zu vermitteln. So lernte die kleine Ilse zu tischlern, sägen, bohren, schleifen, Häuser zu bauen. Sie meldete sich mit 46 Jahren, noch ledig, 180 Pfund schwer bei 1,62 m Größe in meiner Agentur. Aß gern Wild und vieles andere. Kochte auch sehr gut. Ilse suchte einen Jäger und Landwirt. Sie ging leidenschaftlich gern auf Jagd. Hatte einen kleinen Wald gepachtet.

In dem hockte sie nachts – am liebsten allein – auf ihrem
Hochsitz. Jägerinnen jagen allein, lernte ich.
Bei Mondenschein mit Flinte im Jägerrock.
Sie erlegte gern Wildschweine. Kein Problem für Ilse. Sie
besaß einen gut ausgestatteten Jeep mit Kurbelwelle und
allem, was man braucht, um auch einen Superhirsch
auf die Ladefläche eines Fahrzeugs zu ziehen.
War das Tier erlegt, sprang sie vom Hochsitz und es ging
los. Sie befestigte das Tier an Stricken und hievte es mit
Hilfe der Kurbelwelle auf die Ladefläche ihres
Fahrzeugs. Früh morgens um 5 Uhr etwa gab sie es auf
dem Schlachthof ab. Kassierte zufrieden ihren Lohn.
Duschte und stieg in ihr Bett.
Ein Laster hatte sie wahrscheinlich, wie sie mir sagte.
Sie schnarchte.
Im Schullandheim hatte man sie deswegen seinerzeit
immer ausquartiert.
Die Partnersuche war und blieb ein Problem für Ilse,
denn wie sich herausstellte, wollte auch keiner meiner

Jäger diese Frau treffen. Ilse war ihnen einfach zu männlich. Beängstigend tatkräftig, markant. Sie nahm den Männern offenbar ihre genetisch und historisch zugedachte Rolle weg.

Alles hat seine Grenzen.
Auch die Emanzipation.
Oder nicht?

Sind Männer denn nicht von der Frühgeschichte an Jäger, während Frauen in der Regel ursprünglich den Nestblick haben? Sie sehen deshalb rundherum sehr viel. Eine naturbedingte Spezialität der „Nesthüterin". Bekommen jede Kleinigkeit mit. Und kochen sie nicht lieber, was er nach Hause bringt, statt dem Wild mit ihren Pumps nachzuhetzen? Viele Frauen sehnen sich trotz Emanzipation weiterhin nach dem strategisch klugen Nestbauer.
Sie beschäftigen sich auch gern mit zwei oder drei Sachen auf einmal. Alles andere langweilt sie. Beim Mann ist es anders. Er kann sich eigentlich immer nur auf eine Sache konzentrieren. Braucht Rückzugsorte wie die Zeitung zum Sortieren seiner Probleme.
Und noch eine eklatante Erkenntnis, von der wir in früheren Geschichten in diesem Buch und aus meiner Praxis schon gehört haben.
Männer haben in der Regel ein weitaus stärkeres sexuelles Verlangen als Frauen. Sie verwechseln oft Erotik mit Sex.

Wir Frauen wissen das alles intuitiv ohne wissenschaftliche Daten und Erkenntnisse. Das Ganze hat mit der Evolution zu tun und mit dem Wunsch nach Vermehrung. Es ist die Sehnsucht des Lebens nach sich selbst, sagt uns eine innere Stimme.

Verwöhnen Sie Ihre Traumfrau mit kleinen Aufmerksamkeiten

Wenn Sie Laura nach dem entzückenden Abend im Restaurant hoffentlich ohne Komplikationen nach Hause gebracht haben, ergeben sich bestimmt weitere Treffen mit ihr.

Denken Sie daran, Laura mit kleinen Geschenken zu verwöhnen. Hören Sie ihr zu, wenn sie über ihre kleinen und großen Wünsche spricht, und richten Sie sich danach, wenn Sie ihr ein kleine Freude machen wollen.

Frauen freuen sich über Wochenendeinladungen, Restaurant- oder Kinobesuche.

Blumen stehen nicht mehr an erster Stelle.

Gemeinsame Unternehmungen sind gefragt.

Kleine Ausflüge.

Segeltouren.

Wellness-Wochenenden zum Beispiel.

Seien Sie trotzdem immer aufmerksam und schauen Sie hin, wenn Laura Ihnen im Schaufenster Dinge zeigt, für die sie sich interessiert.

Vielleicht freut sie sich auch darüber, dass Sie ihr beim Fliesenlegen helfen.

Oder beim Einbau der Spülmaschine.

Darüber, dass Sie ihr Heu fürs Pferd mitbringen.

Oder einen Korb mit Obst.

Frische Tulpen aus Ihrem Garten.

Wenn Sie sich wirklich für die Dame Ihres Herzens interessieren, wird Ihnen nicht entgehen, wonach sie sich sehnt.

Hören Sie ihr zu und Sie wissen, was sie sich wünscht.

Bald ist es so weit, dass Sie Laura selbstbewusst den Eltern vorstellen. Mit ihr gemeinsam durch den Ort radeln. Der eine oder andere Nachbar wird sich fragen, wo Sie diese wundervolle Frau kennen gelernt haben. Denken Sie daran. Kleine Geheimnisse würzen das Leben. Sind für romantische, erotische Zweierbeziehungen unerlässlich.

Auf jeden Fall wird Laura Ihr Leben positiv verändern und schlummernde Kapazitäten in Ihnen abrufen. Sie ist die Innovation auf Ihrem Hof, wenn Sie ihr Gelegenheit dazu bieten, sich mit allem, was sie weiß und kann, einzubringen.

Ärgern Sie sich an dieser Stelle nicht, wenn Sie aus dem Bekanntenkreis oder Ihrem Dorf Hänseleien oder dumme Kommentare zu hören bekommen, weil Sie sich z.B. besser kleiden als früher oder am Stammtisch das blöde Machogehabe nicht mehr mitmachen. Das ist purer Neid, den Mann sich bekanntlich hart erarbeiten muss. Es ist die Bestätigung dafür, dass Sie auf dem richtigen Weg sind.

Natürlich ist es Ihren Freunden nicht recht, dass Sie sich mehr und mehr ihrem Einfluss entziehen, weniger Zeit haben und im Gegensatz zu ihnen mit einer wundervollen Frau zusammen sind. Aber schließlich geht es um Ihr persönliches Glück, das an erster Stelle stehen muss, und deshalb bleiben Sie Ihrerseits freundlich und zuvorkommend. Lassen Sie sich Ihr kleines Glück nicht zerstören. Das ist die beste und eine entwaffnende Art, mit Kritik umzugehen, und führt letztlich zur Akzeptanz.

Möglicherweise nehmen sich Ihre Freunde irgendwann an Ihnen ein Beispiel, weil sie sehen, dass Sie mit Laura einen Glücksgriff getan haben.

Verführen wir den Menschen, der uns am Herzen liegt. Dem wir alles sein möchten. Tag und Nacht.

Allein das Wort „verführen" kann einen verunsichern. Wir empfinden es spontan negativ.

Ist es nicht unanständig, andere Menschen verführen zu wollen, weil man sie liebt? Ist das nicht manipulativ? Ist es!

Aber, wenn der Zauber der Verführung einem guten Zwecke dient, z.B. eine Ehe immer lebendig zu gestalten, sie bis ins hohe Alter positiv zu leben, die Frau des Lebens für sich zu gewinnen, das zarte Band einer Liebe zu festigen, dann ist es legitim.

Und der Verführte genießt es.

Verführung gehört zum Leben. Schon das Baby flirtet mit den Erwachsenen. Die Großmutter mit dem Enkel. Verführung ist eine erweiterte Form des Flirts, der Ausgangspunkt ist. Der erst einmal sondiert, wer überhaupt Interesse an uns haben könnte. Denn nur mit ihm lohnt es sich, das Spiel – das in Liebe münden soll. Verführung beschränkt sich absolut nicht auf den Intimbereich einer Beziehung.

In meiner landwirtschaftlichen Agentur habe ich es zumeist mit bodenständigen Männern zu tun, die die Kirche im Dorf stehen lassen. Wissen, was sie wollen, und mit ihrem natürlichen Charme mich und viele Damen überzeugen – auch ohne vielfältige Verführungskünste ins Spiel zu bringen. Natürlichkeit ist eine Form der Verführung.

In der Nähe von natürlichen, herzlichen Menschen fühlt man sich geborgen wie in Kindertagen. Aber Verführung kann auch in Form von Charme geschehen.

Es gibt auch Landwirte wie den folgenden:

Tom, ein Typ mit dem gewissen Etwas

Tom, erfolgreicher Landwirt, sympathisch und klug, wusste, was er wollte. Auf jeden Fall nicht die Erstbeste aus der Agentur. Er hatte etwas Englisch-Versnobtes in der Art sich zu kleiden und erinnerte mich in seinem Wesen an Oscar Wilde.
Er war „a really happy prince".
Er konnte nicht nur seine Kühe gut verkaufen, sondern auch sich selbst.

Allein die Art, wie er seine Zigarette anzündete. Die Art wie er rauchte. Seine Art, Geschichten vom Land zu erzählen, hatte einen besonderen Charme.
Tom war belesen, ging gern ins Theater und liebte Kurzreisen.
Er wollte nicht die Erstbeste. Warum auch?
Sie sollte Klasse haben. Ihn nie langweilen.
Er suchte eine phantasiebegabte, zärtliche, attraktive Gespielin fürs Leben.

Die Vermittlungsversuche mit ihm liefen gut, weil Tom der Typus moderner Mann vom Land war, der bei Partner suchenden Frauen sehr gut ankam.
Was ist bei Tom anders als bei den anderen? Was hebt ihn für die Damenwelt hervor? Zum einen ist er ein Mann, der Romantik pflegt. Er liebt das Theater und – wie wir erfahren haben – raucht auf eine ganz besondere, unnachahmliche Weise. Das fällt auf.
Die Art, wie er die Zigarette hält, ist das gewisse Etwas an ihm. Ich fühle mich an Oskar Wilde erinnert, als ich ihn sehe.
Und auch an dessen Bonmots.
Zum Beispiel: „Eigenliebe ist der Beginn einer lebenslangen Romanze."
Zweifellos hatte Oscar Wilde etwas, das ihn von den Mitmenschen seinerzeit unterschied. Nicht nur seine überragenden literarischen Qualitäten.
Viele Menschen haben etwas, das an ihnen ganz besonders ist.
Es können die Grübchen sein.

Die Sommersprossen.

Es kann Ihr schüchternes Lächeln sein.

Ihr charmantes Auftreten.

Die Art, wie Sie sich mit den Händen durch die Haare fahren.

Der verführerische Blick von unten noch oben.

Die Art, wie Sie Frauen aus dem Mantel helfen.

Ihnen die Tür öffnen.

Der leicht gesenkte, melancholische Blick zuweilen.

Der Panther in Ihnen.

Das macht Sie aus.

Das ist es, was Frauen zu enträtseln suchen.

Verführung kommt auch mit Leidenschaft daher.

Leidenschaft verursacht durchaus Leiden. Wohl auch mehr. Sonst wären nicht so viele Menschen leidenschaftlich bei der Sache, die sie fasziniert. Und wir wollen, dass Frauen sich für Sie interessieren. Dass Laura Ihnen ein klein wenig verfällt.

Zumindest nie mehr missen möchte.

PFLEGEN SIE IHRE LEIDENSCHAFT.

Verführung bedeutet daher auch, nicht immer präsent zu sein:

Was macht er jetzt?

Wo ist er?

Hat er vielleicht noch eine andere Geliebte?

Verführung kann auch bedeuten, dass Sie sich nicht nur rar machen, sondern dass die Frau Ihres Herzens immer dann, wenn sie Sie sieht, feststellen muss, dass auch andere Damen Interesse an Ihnen finden.

Eifersucht kommt ins Spiel.

Die erhöhte Sehnsucht, Sie der Rivalin wegzunehmen.

Verführung kann bedeuten, dass man Dreiecksverhältnisse andeutet, obschon man sie gar nicht leben muss.

Phantasie ist gefragt.

Frauen haben Phantasie.

Lieben sie geradezu.

Auch und gerade widersprüchliche Handlungen können den Reiz des Kennenlernens ausmachen, die Phantasie in Gang bringen, um das Mysterium Tom – oder wie immer Sie heißen – zu klären.

Alles, was zu leicht zu bekommen ist, scheint vielen Menschen wertlos zu sein.

Also, machen Sie sich wertvoll. Zum Porsche, zum Rolls-Royce, wenn es sein muss.

Sie sind es, wir wissen es.

Aber für die Umwelt sind Sie es oft erst, wenn Sie sich interessant geben und nicht zu leicht einschätzbar sind. Zu ehrlich daherkommen, dass jeder, der es vorhat, auf den Grund Ihrer Seele blicken kann. Zu nett zu sein, führt irgendwann zur Langeweile.

Streiten Sie sich manchmal.

Lassen Sie Laura wissen, was Ihnen nicht passt.

Was Sie sich anders wünschen.

Hören Sie sich an, was Laura an Ihnen missfällt.

Inszenieren Sie dieses nicht ganz durchschaubare Verhalten wie ein Regisseur sein Bühnenstück.

Pflegen Sie geradezu diese Phantasie hervorrufenden Sequenzen Ihres Miteinanders.

Die Phasen der Trennung und Wiederbegegnung.

Das Auf und Ab der Stimmungen.

Kaum eine Frau kann jemanden vergessen, der dieses Spiel der Liebe beherrscht.

Männern dieser Art widerstehen.

Denken wir doch nur an den Satz in dem Film *Vom Winde verweht:* „Ich bin kein Mann zum Heiraten." Rhett Butler kann schroff sein. Und Scarlett schmilzt.

Das alte Prinzip. Viele Frauen suchen starke Männer. Übrigens an dieser Stelle zum Trost für alle Männer, die nicht gern lesen: Clark Gable – ein wahrer Frauenheld – warf das Manuskript des Films während des Lesens beiseite. Er las einfach nicht gern. Und spielte dann so (dazu ein „Lesetipp": P.W. Engelmeier: *Happy Together*).

Männer dieser Art reizen Frauen ungemein.

Schicken Sie dann eine Karte, wenn sie nicht damit rechnet.

Kreuzen Sie auf dem Hoffest mit einer attraktiven Frau auf, die keiner kennt.

Mit der Sie auch nichts weiter zu tun haben.

Außer einer Vereinbarung.

Interessant wirken.

Nicht mehr – nicht weniger.

Laura verwirren.

Laura durchaus beobachten.

Auch zum Tanz auffordern. Die Bekannte von der Uni vorstellen.

Voilà.

Laura wird wahnsinnig.

Sucht ihrerseits einen Gespielen.

Aber in Wirklichkeit will sie nur Sie und wird von Tag zu Tag wütender.

Natürlich müssen Sie irgendwann die Spannung rausnehmen.

Irgendwann beim Tanzen oder bei sonst einer Gelegenheit.

Ihre sanfte Seite zeigen. Sonst haben Sie das Spiel verloren.

Dafür ein Fingerspitzengefühl zu entwickeln, braucht es eine gute Beobachtungsgabe und Sensibilität.

Befassen Sie sich mit den Verführungskünsten Casanovas.

Sie sollten keiner werden.

Aber ein kleines bisschen Casanova kann keinem Mann schaden.

Viele Frauen langweilen sich schnell, wenn das Leben in Routine, im
Alles gesehen,
Alles gehabt,
Nichts zu erwarten
zu erstarren scheint.

Sie brechen dann aus.
Zumindest würden sie es gern.
Haben das Gefühl, emotional zu sterben.

WÜRZEN SIE IHR LIEBESLEBEN MIT CAYENNE-PFEFFER.

Lassen Sie die Frau Ihrer Träume immer mal wieder um Ihre Liebe kämpfen.
Zeigen Sie Kontur.
Lassen Sie sie ein wenig schmachten.
Hüten Sie Ihre Geheimnisse.
Das gibt jeder Liebesgeschichte ein Knistern, das kein Ende nehmen will. Obschon Geschichten dieser Art oft ein Ende nehmen, um neu zu beginnen.

Charme, Zärtlichkeit, Romantik.
Jeder fragt, wie machen die das?
So wie oben beschrieben wahrscheinlich.
Vom Streit zur Versöhnung, von der Entbehrung zur Sattheit.

Verführung lebt vom Heiß und Kalt,
vom Ja und Nein,
von dem Tag
zur Nacht.
Sie ist ein besonderer Lebensgenuss für Menschen
mit Phantasie und Freude am Emotionalen.
Auch in der Ehe kann man Verführung leben.
Die Verzauberung des Partners.
Er wird nie eine andere wollen. Und Sie keinen
anderen, wenn dies gelingt.
Natürlich ist solch eine Beziehung anstrengend.

Trotzdem.
Begnügen Sie sich nicht mit weniger, als Sie haben
können.
Genießen Sie es, von Frauen begehrt zu sein.
Wählen Sie sich diejenige aus, die nicht nur Sie, das
mit Ihnen verbundene Landleben und die Hofarbeit
mag.
Wählen Sie eine, mit der Sie ab und zu dramatur-
gisch Achterbahn fahren.
Hemingway ist ein Mann, der leidenschaftlich lebt
und liebt mit seiner Maggy. Er gehört sicherlich zu
den vitalen Liebespartnern.

Ganz anders Harald:

Harald, ein Anti-Verführungsheld

Harald, 34, Elektriker, hatte schon Freundinnen. Aber nie lange.

Warum er keine Partnerin für sich begeistern konnte, hörte ich von den Frauen, die mich anriefen und sich über ihn beschwerten.

Harald war ein Einzelkind gewesen. Zu Ordnung, Sparsamkeit und Fleiß erzogen worden. Hatte lange seine Mutter pflegen müssen. Dann den Vater.

Schon bei den Telefonaten begann er, die Frauen zu löchern.

Er wollte sofort Nägel mit Köpfen machen.

Sie in sein Leben total einbeziehen. In seine Sorgen. Seine Nöte.

Erzählte alles haarklein am Telefon.

Seine Lebensgeschichte.

Das Auf und Ab.

Erzählte über die Krankheit der Mutter.

Er machte Termine mit den Frauen.

Misstraute ihnen oft.

Prüfte ihre Angaben nach.

War die Mutter der Telefonpartnerin wirklich im Krankenhaus?

Er rief dort an und hörte, dass sie nicht gelogen hatte.

Traf sich auf halbem Wege – wegen der Kosten.

Ärgerte sich auch über die Telefonrechnung, wenn die
Damen keinen Festanschluss besaßen. Verlangte, dass sie
anriefen.

Meist kam es nicht zu Treffen. Die Frauen sagten kurz
vorher ab.

Fühlten sich in etwas hineingezogen. Es war ihnen einfach zu viel mit Harald.

Schon nach zwei Sätzen fragte er sie nach dem
Eindruck, den sie von ihm hätten.

Da er die Wege immer halbiert haben wollte, fanden sie
ihn erst einmal geizig. Sagten es mir und nicht ihm.
Fanden ihn zudem langweilig und zu streng.

Was sollten die Frauen für einen Eindruck von ihm
haben, fragte ich ihn. Nach einigen Sätzen von famili-

ären Interna, die zunächst niemanden etwas angehen.
Auch nicht aufheiternd wirken können, wenn die
Gegebenheiten sind, wir er sie erlebte – was sollten sie
sagen?
Wenn schon beim ersten Telefonat die Gesamtbiografie
des Partnersuchenden erzählt wird, kann keine
Stimmung entstehen, die einen Flirt oder eine
Verführung nach sich ziehen könnte.
Einzelkind, harte Jugend, Mutter gepflegt und auch
noch der Vater krebskrank.
Alles schlimm. Aber hier an dieser Stelle deplatziert.

Machen Sie es nie wie Harald.
Seien Sie nicht so geschwätzig.
Die Telefonseelsorge ist für diese Art von Gesprächen
oft hilfreich.

Bilder großer Maler leben von dem leeren Raum.
Phantasie entsteht dort, wo wir ein Vakuum vor-
finden, in das wir alles hineinmalen können.
Marlene Dietrichs Gesicht war für Sternberg seiner-
zeit so ein Vakuum.
Er konnte alles in ihr Gesicht malen. Verführung,
Sadismus, Kälte, Liebe.

SCHAFFEN AUCH SIE SICH IHR VAKUUM.

Lassen Sie die Frauen malen.
Lassen Sie den Betrachtern viel fantasievollen Spiel-
raum, sonst findet kein Flirt statt. Sonst kann Ver-

führung als nächste Stufe gar nicht geübt und gelebt werden.

Schade, wenn Telefonkontakte enden wie bei Harald seinerzeit. Die Frauen empfanden seine Art zu telefonieren und Treffen zu vereinbaren als klammernd, zu eng, festlegend, nervtötend.

Eigentlich hätte er als nächstes fragen können, ob die Telefonpartnerin ihn nicht heiraten wolle. Einfach so.

Auch so etwas erlebt man zuweilen in einer Agentur. Und deshalb habe ich mich den Themen Flirt und Verführung besonders gewidmet, um dem eher praktischen Mann, der eigentlich nicht so viel Gewese um sich machen möchte, Spielräume aufzuzeigen, seinen gewünschten und gelebten Beziehungen mehr Pep zu verleihen. Vielleicht wird er oft verlassen, weil Frauen die Verführungskunst bei ihm vermissen. Es geht ihnen gut, aber sie langweilen sich. Jeder sollte zumindest wissen, wie man sich als Verführer gekonnt in Szene setzt.

Ich spreche hier nicht von den uneleganten Partylöwen. Ich meine die Verführung, die Flirt und Erotik beinhaltet und in feinster Form gelebt wird von klugen, phantasievollen Partnern, die sich von Grund auf lieben und begehren.

Die Verführung zählt zum ABC und Einmaleins vitaler Beziehungen im Anfangszustand und natürlich auch später.

Bei aller Taktik, die die Liebe versüßen kann, denken Sie immer daran: Liebe kann man nicht erzwingen.

Lassen Sie los, wenn Sie sehen, dass der andere keine Sympathie für Sie hegt. Zerfleischen Sie sich nicht in Liebesbeziehungen mit Menschen, die Sie nicht wollen. Nicht interessant finden. Nicht begehren.

KLAMMERN SIE SICH NICHT AN FRAUEN, DIE SIE NICHT LIEBEN.

Halten Sie Ausschau nach einer Frau, die wirklich an Ihnen interessiert ist.
Die Sie faszinierend findet.
Für die Sie das spiegeln, was sie sich vom Leben erträumt.
Mit der Sie das Leben konstruktiv bewältigen können.

Finden Sie eine Partnerin, die sich nicht von Ihnen abhängig macht, sondern genauso selbstständig im Leben steht wie Sie als Landwirt.
Eine, die mit Ihnen an einem Strang zieht.
Suchen Sie einen Menschen, der eigentlich schon vorher weiß, wie Sie eine Sache beurteilen werden.
Einen, der Sie respektiert und uneingeschränkt akzeptiert.
Denn Respekt, Akzeptanz und Toleranz sind die Grundpfeiler für Freundschaft und Liebe.

So kann es nicht klappen

Dieter oder die Mitleidfalle Mann

Als Dieter, Lehrer, in meine Agentur kam, war er seit drei Jahren Witwer. Er hatte Kinder und schien nach einer Zeit der Trauer sein Leben wieder in den Griff bekommen zu haben. Er war kommunikativ, hatte auch dank seiner verstorbenen Frau, die als Geschäftsberaterin außerordentlich fleißig gewesen war, keine finanziellen Probleme. Besaß ein idyllisch gelegenes, schuldenfreies Haus, in dem nur die Liebe fehlte, wie er meinte. Tatsächlich fand sich innerhalb kürzester Zeit eine Bauzeichnerin, die sich in den redegewandten Koffer von Mann verliebte.
Dieter wog bei 1,72 m Größe 260 Pfund.

Nach Dieters Erzählungen war ich davon ausgegangen, dass die neue Familie sich in seinem großen Haus zusammenfinden würde. Es kam aber anders. Nach einigen Wochen stand der dicke Dieter mit Kindern und dickem Hund vor der Tür ihres kleinen Reihenhauses. Dieter hatte beschlossen, in ihr Haus zu ziehen.

Regine war zunächst gerührt und schob es auf seine Trauerphase. Im alten Haus erinnerte ihn wohl zu viel an seine Frau. Dieter bestürmte Regine von Anfang an mit Sexwünschen. Die langen Jahre der Enthaltsamkeit und Einsamkeit wälzte er nun über die zarte Regine, die nicht Nein sagen konnte.

Er forderte auch sonst ihre totale Aufmerksamkeit, und weil Regine auch weiterhin ihren Beruf ausübte, blieb in ihrer ohnehin knapp bemessenen Zeit kein Platz mehr für eigene Wünsche und Wege. Stattdessen versorgte sie seine Kinder, putzte, kochte, bügelte und fiel abends todmüde ins Bett, wo sie von dem offensichtlich nicht ausgelasteten Dieter auch sexuell gefordert wurde. Während Dieter immer dicker wurde, nahm Regine unentwegt ab. Wurde schließlich krank. Sie musste nacheinander zum Gynäkologen, Urologen und zum Psychologen.

Ich nenne Dieter einen der sich offensichtlich in rasantem Tempo vermehrenden „Hier bin ich"-„Halt mich fest"-„Hab mich lieb"-Typen in den Städten. Liebe scheint tatsächlich blind zu machen, sonst gäbe es diese Typen nicht.

Regine hatte trotz erfolgreichem Beruf offenbar ein mangelndes Selbstbewusstsein und nicht die Kraft, sich von diesem Emotions-Koloss zu trennen. Immer häufiger höre ich von ähnlich gelagerten Fällen in der Stadt. Mal sind die Männer beruflich erfolglos, geschieden und arm wie eine Kirchenmaus. Nicht in der Lage, sich noch einmal aufzuraffen, ihre Situation zugunsten der Zweitbeziehung zu ändern. Oder überhaupt energielos. Zeigen eine gewisse Weinerlichkeit. Wer sich auf sie einlässt, wird viel Energie brauchen und irgendwann möglicherweise ausgebrannt zurückbleiben.

Wahre Liebe hat immer mit Geben und Nehmen zu tun.

Landwirte sind in der Regel Männer der Tat, nicht so sehr der Worte. Hier haben energievolle Frauen die Möglichkeit, positive Beziehungen zu leben.

Denken Sie an das Beispiel von Maggy mit ihrem Hemingway.

Die folgenden beiden Beispiele von Städtern sind dagegen geradezu abschreckend.

Birte ackert für Willis Motorräder

Willi ist beim Arbeitsamt beschäftigt. Nicht gerade üppig sein Verdienst. Aber immerhin. BAT 7 reicht ihm. Er lebt mit Birte zusammen. Sie arbeitet im Büro und zusätzlich in der Gastronomie. Willi leistet sich derweil viel Freizeit und vier Motorräder. Er denkt sich nichts dabei, dass seine Freundin immer dünner wird und Schmerzen und Probleme mit der Wirbelsäule hat. Was uns nicht umbringt, macht uns stark, sagt sie lächelnd. Willi braucht seine BMW, die Harley und Ducati. Die sind sein Leben.

Willi ist ein großer Lausbub geblieben, immer zu Späßen bereit. Er sieht blendend aus und kommt bei Frauen gut an. Sein strahlendes Lächeln bleibt nicht unbemerkt bei attraktiven Frauen, mit denen er gern scherzt. Er fühlt sich frei, wenn er mit seinen schnellen Motorrädern durch die Straßen flitzt. Attraktiv und männlich markant.

Willi ist 46 und wird nicht mehr dazulernen. Birte liebt ihn wohl, denn sonst hätte sie ihn längst verlassen. Er liebt sie auf seine Weise. Trägt manchmal die Mülltüten raus. Saugt Staub, wenn Birte sich in der Gastronomie abplagt und sich auch sonst einiges gefallen lassen muss.

Die fleißige Birte hätte es auf den meisten Bauernhöfen nach meinem Wissen viel besser. Dort würde sie einen sozialen Zusammenhalt kennen lernen, ein Füreinander und Miteinander, wie in den vorigen Fällen geschildert. Dort hätte sie Freizeiten. Geld genug, sich auch mal selbst zu verwöhnen. Wäre selbstständig tätig und nicht abhängig. Aber sie weiß es wohl nicht. Oder ist es wieder die Liebe?

Werner passt ins Wachsfigurenkabinett

Werner lebte noch bei seiner Mutter, wollte aber unbedingt in einer Agentur eine Frau kennen lernen. Werner kleidete sich korrekt. Trug immer gestärkte weiße Hemden, einen Schlips, ein Toupet und einen dicken goldenen Ring mit einem Onyx am Ringfinger. Er hatte stets Nähseide dabei, wie er stolz versicherte. Falls sich mal ein Knopf seines Jacketts lockerte. Beim Treppensteigen war er kurzatmig. Das Herz. Die Mutter stand früh auf und bereitete sein Frühstück. Er nahm eine Thermoskanne Kaffee mit zur Arbeit und eine Butterbrotsdose, gefüllt mit schwarzem Brot und Schinken. Das bleibt saftig, sagte er.

Seine Mutter wünschte, dass er sich umschaute. Wie mir berichtet wurde, bestellte sich Werner die Damen an eine Autobahnauffahrt. Dort sollten sie mit einem Taschentuch winken. Absurd.

Erstaunlicherweise fand er tatsächlich Frauen, die das mitmachten. Ab 50 wird die Luft für Partner suchende

Frauen eben dünn. Da tut Frau wohl einiges, um einen geeigneten Mann für sich zu finden, so kurz vor Toresschluss. So standen die Damen und winkten. Werner aber fuhr vorbei, weil ihm jedes Mal etwas nicht passte.

Die eine hatte ihm zu dicke Beine. Die andere ein Doppelkinn. Die dritte einen zu kurzen Rock. Und toupierte Haare konnte er auch nicht ausstehen.

Ich empfahl ihm einen guten Paar-Psychologen für sich und seine Mutter. Sagte ihm, dass ich ihm unter solchen Umständen auch nicht weiterhelfen könnte. Um in Agenturen positiv vermittelt zu werden, sollte Mann eben begegnungsfähig sein.

LERNEN SIE VON ERFOLGREICHEN PRINZEN

Lars, charmanter Landwirt aus München

Lars, der in München einen großen, modernen Hof mit vielen Kühen besitzt, verabredete sich mit Lisa aus Stuttgart. Natürlich holte er sie am verabredeten Ort ab und sie fuhren gemeinsam zu seinem gepflegten Gehöft.
Sie sahen sich und es funkte sofort, wie er mir erzählte. Trotzdem rückte er ihr nicht auf die „Pelle". Die Nacht, die sie auf dem schönen Hof verbrachte, schlief sie zwar in seinem Bett. Aber allein. Durch die geöffnete Tür erklärte sie ihm die Vorzüge des Wasserbettes, in dem sie schlief und das er kurz zuvor gekauft hatte.

Morgens bereitete er in dem wunderschönen Häuschen das Frühstück zu. Er freute sich, als die bezaubernde Lisa, ungeschminkt genauso hübsch wie am Tag zuvor, im Schlafanzug in die Küche purzelte und mit ihm frühstückte. Dann verbrachten sie den Tag gemeinsam. Er zeigte Lisa später in München die Sehenswürdigkeiten. Nahm sich ausgiebig Zeit und verwöhnte sie. Beim Abschied gab Lisa ihm einen dicken Kuss und versprach, sich Urlaub zu nehmen. Sie wollte ihn, seine Eltern und den Hof näher kennen lernen. Sie hielt ihr Versprechen, denn es hatte beide erwischt.

Kai, Landwirt mit kleiner Jagd

Kai, 48, geschieden, sucht eine Partnerin, die Verständnis für ihn hat. Seine erste Frau verließ ihn, weil sie sich auf dem Hof langweilte und er ihr nicht klug genug war. Sie sucht nach einer Erbschaft Herausforderungen bei den Geschäftsmännern in der Stadt. Ich empfinde Kai als pragmatischen, offenen Mann, liebevollen Vater und zärtlichen Partner, der jetzt eine Frau sucht, die nicht nur an ihm herumnörgelt.

Er wurde an dieser Stelle wohl – wie viele – Opfer einer Zeit, die den Menschen zu viel Spielräume gibt und sie nie mit dem, was sie haben, zufrieden sein lässt.

Seine Kinder studieren. Er schaut sich wieder um. In der Agentur begegnet er Marianne, 42, vom Schicksal nicht gerade verwöhnt. Sie freut sich an Kais Natürlichkeit, seiner praktischen Begabung, die ihn jedes Problem auf dem Hof spielerisch bewältigen lässt, an seinen klugen Kindern, die oft zu Gast sind, und daran, dass Kai auch die Geselligkeit in Form von Jagden oder Tanztreffen liebt.

Überdies ist er im landwirtschaftlichen Bereich aktiv und wird oft gebeten, auch politisch öffentlich im Ortsrat Stellung zu beziehen. Marianne genießt die ruhige und tüchtige Art ihres neuen Lebensgefährten, ist froh, ihm begegnet zu sein, denn bei den Städtern fand sie nur jene, die bei weitem nicht so praktisch und tüchtig im Leben waren, wie Kai es tagtäglich sein muss. Er ist gern Landwirt und liebt seine Arbeit.

Und wenn jemand seine Arbeit liebt, ist das die beste Voraussetzung, glücklich zu sein, lernen wir von Forschern, die sich mit dem Phänomen Glück befassen.

Hergen, weltoffener Landwirt mit Niveau

*Als Hergen, 45-jähriger Landwirt aus dem Olden-
burgischen Raum, sich in meiner Agentur meldete, war
er mehr als skeptisch und hatte nach eigenen Angaben
eigentlich die Nase voll von allem.*

*Zuletzt war er wieder einmal reingefallen und an eine
jener Damen geraten, die bei wohlhabenden Männern
mit entsprechendem Drum und Dran anfangs sehr
aufmerksam sein können. Die letzte Internet-Be-
kanntschaft dieser Art hatte bei ihm nur Asche hin-
terlassen, wie er sagte.*

*Auch der Agentur gegenüber war er anfangs voller
Vorbehalte. Aber andererseits war da noch eine Stimme
in ihm, die fragte, ob das alles gewesen sein sollte. Jedes
Jahr eine Großwildjagd in Afrika. Immer nur
Krokodile.*

*Aufgrund seiner unglaublichen Vorurteile erlebte ich
stundenlange, nervtötende Telefonate, aber auch sehr
persönliche Gespräche mit Hergen. Irgendwann konnte*

ich ihn überzeugen, dass es durchaus Frauen gab, die durch ihre Biografie erstklassig auf die repräsentative Aufgabe auf seinem Hof vorbereitet waren. Unter dem Motto „Rein ins Wasser und schwimmen" lernte er mehrere Frauen kennen. Schon nach den ersten Treffen und Gesprächen wurde er zugänglich. Begann, sein neues Leben zu genießen. Er telefonierte, mailte, setzte sich ins Auto und besuchte die Frauen.

Seine männliche Neugier war wieder erwacht. Seine Abenteuerlust, die bisher nur bei der Jagd nach Krokodilen befriedigt worden war, ebenso.

Am Ende seiner Suche gründete er mit der attraktiven Annabelle, die eine Topausbildung für die Landwirtschaft besaß, eine Familie. Annabelle war es mit ihrer feinen, zurückhaltenden Art und viel Zärtlichkeit gelungen, den etwas verbitterten, misstrauischen, aber durchaus auch humorvollen Hergen aufzutauen.

Heute genießen sie ihr romantisches Landleben im Sommer beim Picknicken in den Wäldern. Im Winter am Kamin.

Voilà.

Happy End – nicht nur für Krokodile.

Irgendwann brachte er mir einen wundervollen Wein aus Afrika mit. Für die Arbeit, die ich mit ihm gehabt hätte, sagte er. Hergen war sich schon darüber im Klaren, dass er ohne meine Mühe möglicherweise jeglichen Glauben an sein Glück verloren hätte. Und das ist immer eine schlechte Grundlage, es zu finden. Wie kann man etwas finden, an das man nicht glaubt? Hergen musste seine Vorurteile allen Frauen gegenüber überdenken und erkennen, dass er unbewusst nach Enttäuschungen gesucht hatte, um nörgeln zu können. Self-fulfilling prophecy. Wir bekommen immer das, was wir haben wollen.

Nur wer sich bewusst entscheidet, glücklich zu sein, in allem, was ihm begegnet und geschieht, das Gute zu sehen, den Misserfolg als Grundstein des Erfolges betrachtet.

Nur wer sich bewusst in diesem Leben für das Positive in sich und der Welt entscheidet, wird es auch erleben.

Alles hat nur die Bedeutung, die wir ihm geben.

Wir sind die Regisseure unseres kleinen oder großen Glücks.

Auf die Sichtweise kommt es an.

Kultivieren Sie Ihre Zufriedenheit mit dem, was Sie sind und haben.

Machen Sie das Beste aus sich und Ihrer Situation.

Genießen Sie das Hier, Jetzt und Heute.

Und wenn Sie allein sind. Muffeln Sie nicht.

Sehen Sie die Vorzüge im Alleinsein. Genießen Sie es.

Und arbeiten Sie daran, irgendwann ein passendes Pendant zu finden.

Mehr können Sie nicht tun.

Und vergessen Sie nie: Wir haben keine Zeit, in allem das Negative zu sehen, depressiv und nörgelig durchs Leben zu laufen. Andern das Leben zu vermiesen.

Jeder Sonnenstrahl ist ein Geschenk an uns.

Genießen wir ihn und teilen wir unser Glück.

Robert, der nur für Sonja lebte

Robert, 44, geschieden und einsam, meldete sich aus Erfurt. Seine Frau hatte nach der Wende rübergemacht, wie er sagte. Wollte die harte Arbeit auf dem Lande nicht mehr. Hätte zum Schluss lachend gemeint, dass die Arbeit zwar Spaß gemacht hätte, aber man könnte sich ja auch zu Tode lachen. Sie war mit zwei Koffern abgezogen, in seinen BMW gestiegen und weg war sie. Der neue, gut aussehende Computermann aus Düsseldorf sei ihre große Liebe, hatte sie gesagt.

Robert hatte Sonja zuvor alle Wünsche von den Augen abgelesen, denn sie war sein Ein und Alles gewesen. Er hatte sogar Zusatzjobs angenommen, damit sie sich viel leisten konnten. Sonja aber wollte nach der Wende in den Westen, ließ sich nicht davon abbringen. Und mit dem Bauernhof konnte man ja nicht einfach umziehen. Robert hatte sich nach der Trennung in Arbeit gestürzt und die Scheidung eingereicht.

15 Monate waren seither vergangen. Den Winter über war er unsagbar traurig gewesen. Im nächsten Frühjahr wusste er, dass er nicht mehr allein bleiben wollte. Er meldete sich in der Agentur.

Sonja, seine frühere Frau, arbeitete inzwischen in Köln, 14 Stunden täglich in der Gastronomie. Gern wäre sie zu Robert zurückgegangen. Aber nun wollte er sie nicht wiederhaben. Er vertraute ihr nicht mehr.

Durch die Agentur lernte er Annette kennen. Eine Frau aus Gießen. Sie arbeitete als Gärtnerin und war mit ihrem kleinen Sohn Paulchen verlassen worden. Ihr

Exmann war energielos gewesen, faul, arbeitslos, aggressiv und zudem Alkoholiker. So hatte Annette die Härten des urbanen Lebens kennen gelernt. Selten etwas zu lachen gehabt.

Als die Frau aus der Stadt Robert traf, war sie sofort begeistert. Sie fand einen wunderschönen Hof mit einem herrlichen Bauerngarten vor. Es gab sogar eine Sauna.

Paulchen durfte sofort auf einem Pony reiten. Annette erkannte schnell, dass Robert zu den bescheidenen, liebenswürdigen, eher unscheinbaren Charakteren zählt, die die alten Werte pflegen und treu sind. Robert zählte nicht jedes graue Haar bei Annette.

Robert malte ihr Lachfalten ins Gesicht.

Er ist kinderlieb und ein berechenbarer Mensch. Sie weiß morgens, dass die getroffenen Verabredungen eingehalten werden. So etwas kennt sie gar nicht.

Die Liebe stellte sich schnell ein. Sie freuten sich immer,

wenn sie sich sahen, und suchten die Nähe des anderen.
Deshalb kaufte Robert Annette ein kleines Auto, damit
sie so oft wie möglich bei ihm sein konnte.
Sie kam, so oft sie konnte mit Paulchen, Hund und
Katze. Dann zog sie vor Einbruch des Winters zu ihm,
weil sie erkannt hatte, wie sehr sie sich liebten.

Annette würde nie wieder einen Städter nehmen.
Kommt mit deren Egoismus nicht klar, wie sie sagt.
Kann sich ein Leben ohne Robert nicht mehr vorstellen und wünscht sich noch ein Kind von ihm.
Roberts Exfrau dagegen hat Pech. Die heiße Liebes-
beziehung zu dem Computermann aus Düsseldorf
hielt nicht, was sie versprach. Sie arbeitet weiter in
der Gastronomie und zusätzlich in einer Spielhalle.
Heute fragt sie sich, ob das der Preis für die Freiheit
war, und weint häufig am Telefon.

Vielleicht begegnet sie ja noch einmal einem Prinzen
vom Lande. Die gibt es in Ost und West. Ich jeden-
falls kenne viele. Und eine nicht geringe Anzahl
von ihnen hat eine Sauna im Haus. Die brauchen sie
nach einem Tennismatch, Ausritt, Fußballspiel mit
Freunden oder der Hochzeitsfeier in der Nachbarschaft.
Auf dem Lande herrschen oft Lebensbedingungen,
von denen manche der Städterinnen in ihren be-
engten Wohnungen nur träumen können. Die selbst-
ständige Arbeit auf dem Lande gibt Frauen
Freiräume – aber auch Verpflichtungen und Verant-
wortlichkeiten.

Holger, kein Eismann aus der Stadt

Holger wurde von seiner Frau verlassen, weil ihr das Landleben einfach nicht lag. Die Kinder sind auf dem Hof beim Vater geblieben. Holger ist ein moderner, innovativer Landwirt, der weiß, was er will. Der Hof, die Schweinezucht und seine Konten stimmen.

Schon bei den ersten Telefonaten hörte ich, dass er mit Sprache äußerst differenziert umgehen kann. Er ist ein wenig übergewichtig und manchmal knurrig, wie er selber zugibt, aber andererseits auch charmant. Er weiß die Frauen mit in sein Leben einzubeziehen. Schickt Blumen und schreibt stilvolle Briefe. Trotzdem versteht er es, seinen männlichen Standpunkt immer zu vertreten, und so macht ihn die Vielzahl seiner guten Eigenschaften für eine große Anzahl Frauen aus meiner Agentur interessant.

Er selbst verliebt sich im zweiten Versuch in eine Frau aus dem Sauerland, die hinreißend aussieht. Conny sucht für sich und ihre Pferde ein Nest. Sie ist fleißig, kreativ, klug und wurde von den Männern aus der Stadt nie verwöhnt. Sie weiß genauso viel über die Schweinezucht wie er und hat schon oft unentgeltlich Schweineställe gesäubert. Sie achtet sehr auf Hygiene bei den Ferkeln, die sie liebevoll ihre kleinen, rosa Quickies nennt. Da sie aber auch vielseitig ist, kann sie auch mit dem PC umgehen und kennt sich im Internet aus.

Holger sieht sofort, was für ein Potenzial in ihr steckt, und ist begeistert von der langbeinigen, attraktiven Frau. Conny ist beliebt bei allen Kindern, die sie im Reiten unterrichtet, und so beginnt Holger zu träumen. Ein Mann der Tat wie er träumt natürlich nicht nur, sondern realisiert.

Da die Eltern auf dem Hof sind, die Kinder inzwischen groß, kann er neue Wege gehen, und so schmiedet er schon bald konkret neue Pläne, in die er Conny natürlich mit einbezieht. Er zeigt ihr mögliche Pachtflächen, wo ein neues Haus entstehen könnte. Auch für Pferde und Fohlen wäre dort Platz. Beide tragen sportive, gepflegte Jeans, als er ihr die Möglichkeiten vor Ort aufzeigt. Sie wirken locker, lachen viel miteinander und verbringen unbeschwerte Stunden miteinander. Conny hakt sich unter und

Holger ist stolz, diese schöne, kluge Frau neben sich zu haben. Ihr Haar ist weizenblond und duftet wie Feldblumen.

So viel Umsicht und Fürsorglichkeit kennt Conny gar nicht. Holger bietet ihr die breite Schulter, nach der sie sich immer gesehnt hat. Er lebt die Traditionen der Landwirte: füreinander da zu sein, soziale Strukturen zu achten, entsprechend zu leben.

Eine Trutzburg für andere zu sein.

Conny genießt, dass die Eismannzeiten mit den Städtern für sie endgültig vorbei sind und Holger bei aller Arbeit auf dem Lande sich seinen trockenen Humor bewahrt hat.

Sie heiraten nach zwei Monaten und haben einen Rhythmus zusammen. Stehen zusammen früh auf und gehen spät zu Bett. Das heißt, eigentlich ist der Tag immer zu kurz für beide. Trotzdem nehmen sie sich ab und zu die Zeit für ungezwungene, gemütliche Abende zu Hause oder im Restaurant. Und fünf Kilo abnehmen muss er für sie auch nicht mehr.

Conny genügt es, dass er ein moderner Landwirt von heute ist.

Einer, bei dem die Ampeln auf Grün stehen.

Liebe Prinz,

an dieser Stelle ist das Wichtigste gesagt. Zum Abschluss noch ein gelungenes Beispiel. Elmar hat, was romantische Frauen an Männern lieben.
Schwingen auch Sie sich auf Ihr Pferd.
Schärfen Sie Ihren Degen.
Holen Sie sich die Prinzessin auf Ihren Hof, die in Ihrem Herzen schon lange wohnt und bald neben Ihnen aufwachen wird …

Elmar, Landwirt und Romantiker

Bei Elmar, dem großen, braun gebrannten und attraktiven Landwirt aus dem Münsterland ist es romantischer als bei einem Lyriktreffen in der Stadt. Es duftet und knistert in Weizenfeldern, den alten Bäumen.
Schon Elmars Vater war diesbezüglich unverbesserlich gewesen, wie seine Mutter erzählte, wenn ihr Sohn die Hoftüren anmalte und bunte Hahnenlaternen und goldene Fische bastelte, die dann beim Erntedank in den Bäumen leuchten sollten.
Der Vater hatte seiner Mutter schon die Sterne vom Himmel geholt in einer Zeit, als es gar nichts gab.
Elmar war seinem Vater äußerlich, in seinem Wesen und besonders in seinem Hang zur Romantik sehr nach-

geraten. Er suchte schon lange ein passendes Pendant und fand es schließlich in Katia, einer Gesangs- und Flötenlehrerin, die schon lange vom Landleben träumte.

An dem Tag, als sie sich kennen lernten, flogen erst einmal alle Sicherungen auf dem Hof raus. Also machte sich der Vater am Sicherungskasten zu schaffen, die Mutter hatte in der Küche zu tun, Elmar bastelte am Traktor und der Hund Clemens leistete ihm dabei Gesellschaft.

Wenige Meter vom Hof entfernt, stellte Katia zu dieser Zeit fest, dass sie eine Reifenpanne hatte und ihre Fahrradtour abbrechen musste. Sie kam auf den Hof, um Hilfe zu erbitten. Mit ihrem Pünktchenkleid, dem blonden Haar und ihrem süßen Strohhut sah Katia an diesem sonnigen Tag hinreißend aus.

Elmar, selbst begeisterter Radfahrer, war natürlich handwerklich geschickt und half ihr sofort. Anschließend zeigte er Katia stolz seinen Hof. Die Ziegen und der Hund folgten ihnen. Alle Tiere auf dem Anwesen machten einen außerordentlich glücklichen Eindruck.

Elmars Mutter brachte eine Thermoskanne mit Kaffee, selbst gebackenen Apfelkuchen und ließ die beiden wieder allein.

Der Vater schaute zum Küchenfenster hinaus und fand Katia nett. Da hätte er seinerzeit auch nicht Nein sagen können. Elmar und Katia setzten sich in den Hofgarten unter die alten Bäume und schauten sich lange in die Augen.

Clemens saß neben Katia, die am liebsten gleich dort geblieben wäre.

In den Bäumen hingen Holzlaternen. Der junge Landwirt hatte bunte Hähne gebastelt, goldene Fische, interessante, schwebende Objekte, die er an die Äste ge-bunden hatte und nachts beleuchten konnte.
Das bevorstehende Erntedankfest wurde traditionell mit Musik, Tanz, vielen Freunden und Nachbarn gefeiert.

Katia stellte sich vor, wie zauberhaft alles aussehen würde. Elmar liebte auch die Malerei. Weiße Bänder wehten an den jungen Buchen im Wind, zauberhafte Malereien schmückten manche alte Holztür. Die weiße und die schwarze kleine Ziege passten da genau ins Bild. Jede der Ziegen hatte einen Punkt auf dem Köpfchen,

die weiße einen schwarzen, die schwarze einen weißen. Damit man sie unterscheiden kann, sagte Elmar schmunzelnd, hätte er sie gezeichnet.

Für den Abend lud Elmar seine Katia ein. Er zündete seine Laternen an, lud Freunde ein und alle tanzten im Garten, aßen Pizza und tranken Wein.

Erst spät brachte Elmar Katia mit seinem Jeep nach Hause. Das Fahrrad hatte sie auf dem Hof gelassen. Die nächste Tour wollten sie gemeinsam unternehmen. Die Fahrt durch die Felder, der leise Wind, der Geruch von Elmars Lederjacke, das alles war für Katia Romantik pur. Zum Abschied küssten sie sich und wollten einander eigentlich gar nicht mehr loslassen. Der Tag war ein einziger Glückstag für Katia.

Als Elmar zurückfuhr, wusste er, dass Katia seine Frau werden würde. Das Warten hatte ein Ende, und seine Wünsche hatten sich erfüllt. Und Katia war sich sicher, dass sie endlich für ihr romantisches Herz eine Heimat gefunden hatte.

Wie aus Tausendundeiner Nacht?

SO IST ES BEI DEN MODERNEN PRINZEN AUF DEM LANDE!

ZUR ERINNERUNG
Wichtige Tipps auf einen Blick

- Träumen Sie sich Ihre Partnerin herbei.
- Wecken Sie den Tiger in sich.
- Erweitern Sie Ihr Terrain.
- Bilden Sie sich.
- Gehen Sie eigene Wege.
- Werden Sie autark.
- Hören Sie auf sich selbst.
- Räumen Sie mit Ihrer Vergangenheit auf.
- Stellen Sie Ihren Liebeskompass neu ein.
- Kämpfen Sie für die Liebe.
- Flirten Sie.
- Gönnen Sie sich Augenblicke.
- Werden Sie mobil.
- Schreiben Sie Briefe.
- Denken Sie an die getrennte Post auf dem Hof.
- Telefonieren Sie.
- Schulen Sie Ihre Stimme.
- Profilieren Sie sich über Sprache.
- Achten Sie auf Ihr äußeres Erscheinungsbild.
- Auf körperliche Hygiene.
- Kaufen Sie klassische moderne Kleidung und wechseln Sie sie öfter.
- Tragen Sie nicht nur Grau.
- Tragen Sie keine weißen Socken.
- Cremen sie Ihre Hände ein und pflegen Sie sie.
- Stellen Sie Schuhe – oder Schuhputzzeug – für den Notfall ins Auto.

- Flotte Haarschnitte können Ihnen zu mehr Attraktivität verhelfen.
- Rasierwasser gehört zu einem gepflegten Outfit.
- Machen Sie Geld nicht zum Thema.
- Seien Sie kein Trauerkloß.
- Seien Sie humorvoll und unterhaltsam.
- Denken Sie nicht gleich an Sex.
- Seien Sie erotisch.
- Hüten Sie Ihre Geheimnisse.
- Verwöhnen Sie Ihre Partnerin mit kleinen Aufmerksamkeiten.
- Lernen Sie von Casanova.
- Pflegen Sie Ihre Leidenschaft.
- Mischen Sie die Emotionen neu auf.
- Würzen Sie Ihr Liebesleben mit Cayennepfeffer.
- Schaffen Sie sich Ihr Vakuum.
- Klammern Sie sich nicht an Frauen, die Sie nicht lieben.

LESETIPPS FÜR INTERESSIERTE

Artel, Ann Christin und Bettina Derksen: Oh, wie peinlich! Psychologie der kleinen Missgeschicke. Reinbek bei Hamburg: Rowohlt, 1999.

Baur, Eva G. und Wilhelm Schmid-Bode: Glück ist kein Zufall. Lassen Sie sich vom Glück berühren. München: Gräfe & Unzer, 2000.

Burnham, Terry und Jay Phelan: Unsere Gene. Eine Gebrauchsanleitung für ein besseres Leben. Berlin: Argon, 2002.

Engelmeier, Peter W.: Happy Together. Hollywoods unvergessliche Paare. München: Prestel, 2002.

Haubl, Rolf: Neidisch sind immer nur die anderen. Über die Unfähigkeit, zufrieden zu sein. München: C.H. Beck, 2001.

Höhler, Gertrud: Virtuosen des Abschieds. Neue Werte für eine Welt im Wandel. Düsseldorf: Econ, 1989.

Hull, Raymond: Alles ist erreichbar. Erfolg kann man lernen. Reinbek bei Hamburg: Rowohlt, 1989.

Kassorla, Irene C.: Tun Sie's doch! Lernen Sie, sich selbst zu lieben. Der Rest kommt fast von alleine. München: Knaur, 2001.

Kast, Verena: Neid und Eifersucht. Die Herausforderung durch unangenehme Gefühle. München: dtv, 1998.

Kast, Verena: Aufbrechen und Vertrauen finden. Die kreative Kraft der Hoffnung. Freiburg u.a.: Herder, 2001.

Lazarus, Arnold A. und Clifford N.: Der kleine Taschentherapeut. Stuttgart: Klett-Cotta, 1999.

Mahnke, Hans-Jürgen: Gefragt: Ignaz Kiechle. Bornheim: Zirngibl, 1986.

Mazetti, Katarina: Der Kerl vom Land. Eine Liebesgeschichte. München: Piper, 2001.

Molcho, Samy: Alles über Körpersprache. Sich selbst und andere besser verstehen. München: Mosaik, 2001.

Pantel, Jörg: Natürlich ganz gesund. Münster-Hiltrup: Landwirtschaftsverlag, 2002.

Pease, Allan und Barbara: Warum Männer nicht zuhören und Frauen schlecht einparken. München: Ullstein, 2000.

Seo, Yoon-Nam: Den Bambus biegen. Meister Seos Anleitung zum Glücklichsein. München: Heyne, 2001.

Schindler, Margarethe: Heute schon geküsst? Paare brauchen Rituale. Freiburg u.a.: Herder, 2001.

Schwanitz, Dietrich: Bildung. Alles, was man wissen muss. Frankfurt a.M.: Eichborn, 1999.

Schwanitz, Dietrich: Männer. Eine Spezies wird besichtigt. Frankfurt a.M.: Eichborn, 2001.

Schwinghammer, Herbert: Knaurs Taschenknigge. München: Knaur, 2001.

Storch, Maja: Die Sehnsucht der starken Frau nach dem starken Mann. Düsseldorf: Walter, 2000.

Tepperwein, Kurt: Die Kunst der Partnerschaft. Das Geheimnis von Liebe, Sexualität und Harmonie. Landsberg am Lech: mvg, 2001.

Impressum

Landwirtschaftsverlag GmbH, 48084 Münster
© Landwirtschaftsverlag GmbH, Münster-Hiltrup, 2002
2. Auflage 2003
Gestaltung: Grafisches Atelier im Landwirtschaftsverlag GmbH
Illustrationen: Heinrich Schwarze-Blanke
Gesamtherstellung: LV Druck im Landwirtschaftsverlag GmbH
Gedruckt auf chlorfrei gebleichtem Papier
Printed in Germany   ISBN 3-7843-3167-X